1

Per informazioni sulle opere pubblicate
e in programma rivolgersi a:
Edizioni Terra Santa
Via Giovanni Gherardini, 5 - 20145 Milano
Tel. +39 02 34592679
Fax + 39 02 31801980
http://www.edizioniterrasanta.it
e-mail: editrice@edizioniterrasanta.it

Progetto grafico *Elisa Agazzi*
Editing *Roberto Orlandi, Elena Bolognesi*
Impaginazione *Elisabetta Ostini*

In copertina:
Basilica dell'Annunciazione, la grotta venerata
(foto archivio ETS)

Finito di stampare nel febbraio 2015
da Press Grafica - Gravellona Toce (VB)
per conto di Fondazione Terra Santa

ISBN 978-88-6240-214-9

NAZARET

e i suoi santuari

Testi di
Emanuela Compri e Valeria Vestrelli

con la supervisione di
don Angelo Garofalo

edizioni
terra santa

Indice

Introduzione

«Da Nazaret può venire qualcosa di buono?» (Gv 1,46). L'evangelista Giovanni pone sulle labbra di Natanaele questa domanda, un po' retorica e forse un po' canzonatoria. Ma è proprio questa domanda a introdurci nel mistero di una città che ai tempi di Gesù era un minuscolo villaggio di un centinaio di abitanti, o poco più, che non poteva nemmeno vantare una sola citazione in tutto l'Antico Testamento.

Al limite settentrionale della Bassa Galilea, a stretto contatto con le genti pagane, Nazaret diventa per il credente una scuola di imitazione di Gesù, come ebbe a dire Paolo VI nel 1964, durante il suo storico viaggio in Terra Santa: «Qui impariamo il metodo che ci permetterà di conoscere chi è il Cristo. Qui scopriamo il bisogno di osservare il quadro del suo soggiorno in mezzo a noi: cioè i luoghi, i tempi, i costumi, il linguaggio, i sacri riti, tutto insomma ciò di cui Gesù si servì per manifestarsi al mondo».

Oggi Nazaret è una città araba nel cuore della multiforme società israeliana. Una città a maggioranza islamica ma che vive stretta attorno ai suoi santuari, visitati ogni anno da centinaia di migliaia di pellegrini da ogni parte del mondo.

La cupola della Basilica dell'Annunciazione svetta tra gli edifici del centro città. Opera dell'architetto italiano Giovanni Muzio, la basilica è costruita su due livelli e armonizza in modo sorprendente le antiche vestigia e la moderna struttura architettonica. Così la grotta venerata e le testimonianze bizantine e crociate invitano alla preghiera e raccontano duemila anni di storia cristiana. Accanto alla basilica, la zona archeologica, il museo, la chiesa di San Giuseppe e tutto il complesso francescano.

E poi, ancora, la chiesa ortodossa di San Gabriele, dove antichi testi apocrifi collocano un primo incontro tra Maria e l'angelo, l'antica sinagoga, il Monte del Precipizio e la Mensa Christi.

La storia. La prima sezione del volume ripercorre la storia del luogo, a partire dalla narrazione biblica, e dei santuari che hanno permesso di mantenere viva la memoria degli avvenimenti legati alla vita di Gesù.

La visita. La seconda sezione è dedicata alla visita dei siti nella loro attuale situazione.

Le letture. Infine, il volume dà voce ai santi e ai pellegrini che dal IV secolo in poi hanno raccolto notizie o hanno visitato i luoghi dell'Annunciazione e dei primi trent'anni di vita di Gesù.

Il DVD. Allegato al volume, un estratto del DVD *Terra Sancta. Custodi delle sorgenti della salvezza*. Oltre al capitolo dedicato alla Basilica dell'Annunciazione, è incluso un contributo sulla storia della presenza francescana in Terra Santa.

L a radice della parola Nazaret (*Natzrat* o *Natzeretin* in ebrai-co; *al-Nāṣira* o *al-Naseriyye* in arabo) rimanda al significato di "fiorire", come osservò san Girolamo, ma anche dello "stare in guardia". La posizione geografica della cittadina della bassa Galilea conferma la sua vocazione a luogo di osservazione. Nazaret è collocata lungo il versante più meridionale del complesso collinare che scende dal Libano, in posizione elevata sull'antistante piana di Izreel, la biblica Esdrelon, a circa 350 metri di altitudine.

Ma da secoli Nazaret, nel cuore dei pellegrini e dei viaggiatori, è il «fiore della Galilea», e custodisce la memoria del dialogo tra l'arcangelo Gabriele e Maria. Con il suo "sì" la giovane donna fece dello sconosciuto villaggio la dimora del «Verbo che si è fatto Carne», del Figlio di Dio che si è fatto uomo, del frutto del seno della Vergine che si è fatto fiore, così come proclamava Bernardo di Chiaravalle.

La Nazaret antica

Menzionata per la prima volta nei vangeli sinottici (il vangelo di Marco, che è il più antico, è del 65-70 d.C.), Nazaret manca dall'elenco delle città ricordate nel libro di Giosuè (19,10-15) e appartenenti a Zabulon – una delle dodici tribù in cui era suddiviso il popolo ebraico –, dove si veniva a trovare. Il piccolo villaggio non è citato nemmeno da Giuseppe Flavio, che fu comandante dei ribelli della Galilea durante la prima rivolta contro Roma (66-70 d.C.).

I vangeli conservano due informazioni puntuali sull'insediamento: Nazaret era abbastanza popolata da poter vantare la presenza di una sinagoga in cui Gesù entrò in un giorno di sabato – lo *Shabbat* ebraico – e, aperto il rotolo del profeta Isaia, lesse e commentò la profezia che lo riguardava (Lc 4,16-27). L'altra informazione, di carattere topografico, è fornita dallo stesso passo di Luca, che ricorda il dirupo posto presso il villaggio da dove la folla, piena d'ira, voleva gettare Gesù al termine della spiegazione (Lc 4,28-30).

Non a caso la prima menzione indiretta di Nazaret si trova nelle fonti giudaiche della fine del I secolo d.C., con riferimento a quella comunità giudeo-cristiana che credeva in *Jeshu' Hannozrî* (Gesù di Nazaret), i *nozrím* (nazareni) i quali, assieme ai *miním* (eretici), furono inclusi nella dodicesima orazione della preghiera *Shemonè Esrè* quale movimento "da eliminare", chiosa inserita durante il cosidetto "sinodo di Jamnia-Javneh".

L'archeologia, però, offre un altro genere di testimonianza. Gli scavi hanno individuato l'area occupata dall'antico centro abitato, che l'urbanizzazione medievale e moderna hanno conglobato all'interno della città attuale. L'antico villaggio si estendeva da nord a sud sul crinale della collina oggi occupata dalla basilica dell'Annunciazione, dal convento francescano e dalla chiesa di San Giuseppe. I reperti archeologici fanno risalire la prima forma di frequentazione della zona all'età del Bronzo medio (2100-1600 a.C., l'età dei Patriarchi).

Gli scavi condotti dai padri francescani nell'area dei santuari hanno messo in luce i resti di un villaggio a vocazione agricola frequentato dall'età

La Fontana della Vergine, 1890-1900

del Ferro (900-600 a.C.), che è andato via via strutturandosi attorno a semplici abitazioni costruite attorno a grotte che servivano per i lavori domestici e per il ricovero di animali. È in questo semplice ambiente che Giuseppe e Maria condu-

Veduta della cittadina,
1890-1900

cevano la loro vita domestica e in cui Gesù trascorse la sua
infanzia. Al tempo di Gesù la Palestina era conquista romana
e Nazaret non distava molto dalla capitale amministrativa e
commerciale, Sefforis, che il tetrarca Erode Antipa stava fa-
cendo ricostruire, e che sicuramente i nazaretani contribuiro-
no a erigere con il loro lavoro.

Il carattere agricolo del villaggio è testimoniato principalmente dal ritrovamento dei numerosi silos, buche a forma
di pera con un'imboccatura circolare tappata da una pietra,
scavati nel tenero calcare roccioso. I silos dovevano conservare le granaglie raccolte e raggiungevano anche i due metri
di profondità, ingegnosamente disposti uno sopra l'altro, su
più livelli, e collegati da gallerie che facilitavano lo stoccag-
gio delle merci e l'areazione delle provviste. Assieme ai silos
furono ritrovate le cisterne che raccoglievano l'acqua piova-
na, un complesso dotato di pressoi per l'olio e l'uva con le
celle vinarie e olearie, e le macine in pietra per la lavorazione
delle granaglie.

Studiando i collegamenti tra i silos e la disposizione delle
cisterne per l'acqua è possibile rintracciare ipotetici limiti tra

Il complesso
conventuale
francescano negli anni
Venti del Novecento

le varie proprietà, che dovevano essere autosufficienti anche dal punto di vista idrico. A causa delle diverse costruzioni che nei secoli si sono susseguite, restano ben poche tracce delle case antiche e quando padre Bellarmino Bagatti iniziò gli scavi (1955) adottò la scelta di scendere velocemente alla roccia naturale. Padre Eugenio Alliata, studiando i dati raccolti, ha potuto intercettare almeno quattro aree distinte, dotate di grotte e silos collegati, che fanno supporre che appartenessero a quattro nuclei abitativi diversi. La grotta venerata, posta sul versante meridionale del borgo, apparteneva chiaramente a uno di questi complessi, che a un certo punto sviluppò anche un'area produttiva dotata di frantoio.

Le grotte scavate nella roccia, come quella dell'Annunciazione, erano ambienti sotterranei delle case, che erano composte da una o più stanze realizzate in muri di pietra, forse fornite di piani superiori. Le stesse grotte erano adibite a magazzini in cui stivare le merci (nei silos), a stalle in cui ricoverare gli animali o potevano anche servire per le varie attività domestiche o per ospitare piccoli forni.

La storia dell'occupazione umana di Nazaret è riassunta da alcune tipologie di ceramiche esposte nel museo archeologico locale, che vanno dal II millennio a.C. al 1500 d.C. I vasi del Bronzo medio I e II (2000-1600 a.C.) e tardo (1500-1300 a.C.) provengono dalle tombe ritrovate all'esterno del muro meridionale della basilica crociata; quelli del Ferro I (X-IX sec. a.C.) da una tomba scoperta sulle pendici della montagna nel quartiere occidentale del centro abitato (casa Mansour). Il Ferro II (VIII sec. a.C.) è rappresentato da una giara a collo stretto con doppio manico e imbuto, trovata in un silos a est della basilica. Le lucerne e le pentole del periodo romano provengono dalla suppellettile funeraria della tomba detta "Laham" scoperta a sud del santuario nel 1923 nella proprietà di Wasif Laham, tomba formata da una camera sepolcrale con 13 loculi "a *kokhim*". I piatti invetriati coprono il periodo medievale fino al XV secolo.

Si è proposto che già nel I secolo iniziò a distinguersi in Nazaret un gruppo di giudei che testimoniavano la loro fede in Cristo, di cui facevano parte i parenti della famiglia di Gesù. Egesippo (II sec.), Giulio Africano (ca. 250) ed Eusebio di Cesarea (IV sec.) parlano più volte dei parenti di Gesù, ricordati fino alla metà del III sec.: i testi portano memoria di Giuda con i figli Zocer e Giacomo. Sicuramente il diacono Conone ne faceva parte: martirizzato in Asia Minore durante il regno di Decio (249-251), egli affermò in tribunale di essere di Nazaret di Galilea e di discendere direttamente dalla famiglia del Signore.

Nel III secolo, Eusebio cita Nazaret nel suo *Onomasticon*, un repertorio di nomi di luoghi biblici, presto tradotto in latino e completato da san Girolamo, affermando che la Nazaret che diede il nome di "nazorei" ai primi cristiani si trova in Galilea, a 15 km da Legio, l'antica Megiddo, e vicino al Monte Tabor.

La chiesa di San Giuseppe a metà Novecento

STORIA

L'EDIFICIO DI CULTO PRE-BIZANTINO

Per conservare i mosaici bizantini rinvenuti nei pressi della grotta venerata, nel 1959 fu deciso di staccarli, per ricollocarli una volta terminata la ricostruzione del santuario (l'attuale basilica fu inaugurata nel 1969). Con enorme sorpresa, da sotto il pavimento della chiesa e del monastero vennero alla luce diversi blocchi di pietra, intonaci dipinti e graffiti che appartenevano a un edificio cultuale più antico.

In particolare, sotto la parte del mosaico della navata centrale era coperta una vasca tagliata nella roccia, di forma quadrata, con lati di circa 2 m, profonda 1,60 m e provvista di gradini per scendere lungo il lato sud. La vasca era intonacata e nelle pareti restavano le tracce di incisioni realizzate mentre l'intonaco era appena stato steso. Padre B. Bagatti, che pensò inizialmente a una vasca per il vino, si convinse poi che potesse avere scopo di culto e ipotizzò che fosse una

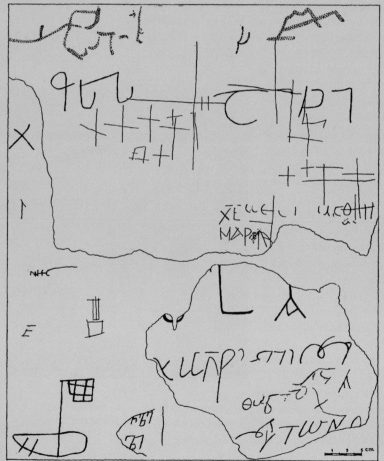

Graffiti realizzati sull'intonaco attaccato alle pietre rinvenute sotto il pavimento musivo del convento bizantino

vasca battesimale per l'iniziazione giudeo-cristiana. Non tutti gli studiosi appoggiano però questa interpretazione.

Anche sotto la navata sud e nella zona del convento furono trovati molti materiali diversi che servivano per alzare il livello del nuovo pavimento. Il riempimento era fatto con pezzi di intonaco dipinti e graffiti, ceramica, monete, frammenti di tegole e di lastre di marmo. Nella parte più bassa si trovarono una settantina di grossi pezzi architettonici,

Le scritte si conservano in modo incompleto e sono spesso di difficile lettura: testimoniano però l'uso prevalente della lingua greca e di quella armena. Al locale museo archeologico sono esposte le iscrizioni più significative che si riallacciano alla venerazione mariana. Una, scritta alla base di una colonna conserva in greco il "*Kaire Maria*", la più antica invocazione alla Madonna.

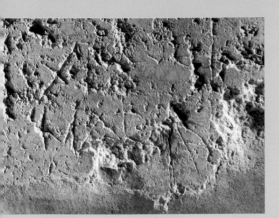 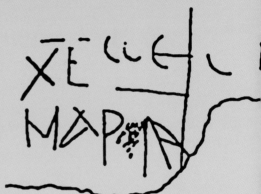

Graffito "XE MAPIA" sulla base di una colonna rinvenuta sotto il mosaico bizantino

spesso intonacati, che dovevano appartenere all'edificio più antico: capitelli, rocchi e basi di diverse colonne di semplice pietra locale chiamata "nari", cornici lavorate, stipiti di porte e pietre squadrate.

La conferma dell'antica venerazione del luogo arrivò proprio dalle scritte fatte col carboncino e dai graffiti incisi sugli intonaci del rivestimento delle pareti e delle colonne. I fedeli e i pellegrini che visitarono il luogo, ritenuto santo, lasciarono disegni, invocazioni, nomi e preghiere: è evidente che la venerazione era di tradizione cristiana e soprattutto legata al culto mariano.

I diversi elementi ritrovati hanno spinto per primo padre Bagatti e poi i successivi studiosi a cercare di interpretare questo edificio: il francescano si convinse che si trattava di un edificio di «forma sinagogale» con «uno stile architettonico cristiano finora ignorato», che sarebbe risalito ai secoli II-IV d.C. e che sarebbe stato costruito dalla locale comunità giudeo-cristiana.

Alcuni anni più tardi, padre V. Corbo, affiancato da padre E. Alliata, ipotizzò un edificio completamente originale, formato da due aule di cui una rialzata di circa un metro rispetto alla seconda dove si trovavano le grotte. At-

Graffito di un soldato con stendardo, inciso su una pietra ritrovata sotto il pavimento musivo del convento bizantino

traverso un colonnato e transenne di parapetto, dalla prima sala ci si poteva affacciare davanti alle grotte e discendere nella navata che le precedeva. Tutti i mosaici pavimentali erano orientati verso le grotte venerate. Un edificio su due piani avrebbe perciò permesso di incidere il *"Kaire Maria"* sulla base di una colonna che sorreggeva il colonnato della sala superiore. Per la datazione padre Corbo aderì a pieno alla testimonianza di Epifanio, attribuendo al conte Giuseppe di Tiberiade la costruzione di questa "chiesa-sinagoga" di tipo giudeo-cristiano tra il 335 il 350 d.C.

J. E. Taylor, nei suoi studi sulle origini dei giudeo-cristiani, lesse criticamente le interpretazioni di Bagatti, giungendo ad altre conclusioni: il primo edificio doveva essere una «piccola e non convenzionale chiesa» che comprendeva le grotte e che era chiamata la "Casa di Maria". Mancherebbero, infatti, elementi standardizzati dell'architettura sinagogale per poterla giudicare tale. È molto probabile che l'edificio fosse stato costruito per volontà del conte Giuseppe per favorire i pellegrinaggi, e non da una comunità giudeo-cristiana di Nazaret.

L'età bizantina

In età bizantina aumentano le informazioni sulla storia cristiana del villaggio: Epifanio (IV secolo) descrisse l'interessamento che il conte Giuseppe di Tiberiade espresse all'imperatore Costantino per far costruire diverse chiese in Galilea, compresa Nazaret. Un autore più tardo (IX secolo), che ricostruì la vita di sant'Elena, affermò che la madre di Costantino avrebbe cercato personalmente a Nazaret la casa dove Maria ricevette l'annuncio dell'angelo e che vi avrebbe fatto erigere un magnifico tempio. San Girolamo, che visitò Nazaret assieme alle discepole Paola ed Eustochio, non ricordò la presenza di un luogo di preghiera presso la casa di Maria, forse perché amministrato da giudeo-cristiani, in contrasto con la Chiesa dei gentili da cui Girolamo proveniva.

Nel VI secolo le due comunità di Nazaret (ebraica e cristiana) possiedono ciascuna un luogo di culto: gli ebrei la sinagoga e i cristiani la chiesa della Casa di Maria, come ricor-

Mosaico bizantino all'ingresso della "grotta di Conone"; la scritta in greco ne attribuisce la realizzazione al diacono Conone di Gerusalemme

da il diario dell'Anonimo Piacentino (570 ca.). La fonte parla di una basilica, dove il pellegrino vide le vesti di Maria che procuravano molti «benefici» a chi le toccava.

Con l'arrivo dei persiani, nel 614, i cristiani di Nazaret dovettero patire pesanti persecuzioni da parte della comunità ebraica alleata con Cosroe. Nel 630, con la riconquista bizantina della Galilea, furono gli ebrei a subire l'oppressione, che formalmente mise fine alla loro presenza nella città. Nel 670 il pellegrino Arculfo vi trovò due chiese: una della Nutrizione (l'attuale chiesa di S. Giuseppe) e l'altra della Casa di Maria (la Basilica dell'Annunciazione). Il pellegrino non nomina più la sinagoga.

Poche sono le notizie riguardanti il periodo arabo che precede le crociate (638-1099). Willibaldo, nel 723-726, vi notò la sola chiesa dell'Annunciazione, ricordata ancora nel 943 dallo storico e geografo arabo al Mas'udi.

LA CHIESA BIZANTINA

Nonostante la chiesa bizantina sia stata eliminata per costruire quella crociata, resti di mura e di pavimenti in mosaico sono rimasti a livello delle fondazioni. Gli scavi del secolo scorso hanno man mano rintracciato lo sviluppo degli edifici che consistevano in una chiesa orientata est-ovest, preceduta da un atrio e affiancata sul lato sud da un convento.

Gli architetti bizantini inserirono all'interno della chiesa gli ambienti naturali formati dalle grotte, come fecero anche per altri luoghi evangelici, ad esempio al Getsemani o a Tabgha.

La chiesa era formata da tre navate, quella centrale chiusa da un'abside semicircolare. Le grotte, almeno due, erano incorporate all'interno della navata nord e si trovavano a un livello più basso: per questo dalla navata centrale si discendeva alla laterale attraverso scale. A continuazione della navata laterale sud si trovava un ambiente rettangolare che è stato interpretato come sacrestia.

L'atrio che precedeva l'edificio copriva una grande cisterna rimasta in uso fino al 1960 e chiamata comunemente "cisterna della Vergine". Del convento resta una fila di stanze, mentre la zona più vicina alla chiesa è stata irrimediabilmente distrutta dagli edifici crociati.

L'aspetto più conosciuto della chiesa bizantina sono i mosaici pavimentali, presenti sia nella zona delle grotte che nelle navate e nel convento. L'orientamento verso settentrione di alcuni di essi fece supporre che non tutti fossero stati realizzati per la chiesa bizantina e che risalissero invece a una costruzione più antica orientata verso le grotte (cfr. "L'edificio di culto pre-bizantino").

Il mosaico della navata centrale, verso l'ingresso della chiesa e davanti alle scale che discendevano alle grotte, è orientato a nord. Disegna su fondo bianco il monogramma di

Cristo racchiuso dentro ad una corona legata in basso con due nastri; nel campo inferiore sono disposte delle croci tra cui una cosmica, con quattro crocette ai lati.

Il mosaico all'ingresso delle grotte fu ritrovato (a fine '800) da fra Benedetto Vlaminck, che fece qualche sondaggio al di là dei muri della cripta settecentesca. Egli trovò lungo il fianco ovest della grotta dell'Annunciazione i resti di un'altra grotta affrescata, che aveva al suo ingresso un mosaico con iscrizione in greco che cita il diacono Conone di Gerusalemme quale donatore. Il suo nome non può non ricordare il Conone di Nazaret, parente di Gesù, martire nel II secolo. Anche questo mosaico è orientato verso nord e disegna un tappeto a riquadri legati da linee diagonali intervallate da rombi, con all'interno dei quadrati i disegni di croci e altri motivi geometrici; l'iscrizione

si trova presso un angolo all'ingresso della grotta detta appunto "di Conone".

I mosaici propriamente realizzati per la chiesa bizantina sono quelli orientati verso est, che si vedono nella navata laterale sud e di cui restano tracce delle cornici geometriche. Il primo mosaico realizzato fu successivamente coperto da un secondo. Il più antico era con cornice a squame di pesce e piccolo fiore al centro, sostituito poi da una cornice più elaborata che presenta un intreccio di cerchi e rombi. Al termine di questa navata, dentro la sacrestia, ci sono le tracce di un altro mosaico, sullo stile di quello della navata centrale e di Conone, con riquadri e rombi su sfondo bianco. Anche gli ambienti del convento erano pavimentati con mosaici. Quello che rende importanti queste opere musive è la presenza dei segni religiosi, come le croci semplici, cosmiche e monogrammate.

Alcuni pezzi architettonici ritrovati negli scavi appartenevano alla chiesa bizantina: ad esempio cinque pulvini in pietra bianca decorati con croci sui fianchi, che dovevano stare tra i capitelli di stile corinzio e l'inizio dell'arco. Si sono trovate anche sei basi di colonne, che probabilmente già risalivano all'edificio più antico. Diversi frammenti appartengono alle transenne che dividevano la navata dal presbiterio: i pilastrini di forma quadrata sostenevano i pannelli in marmo decorati con tralci d'uva, croci e corone e da iscrizioni in greco di cui resta qualche frammento.

Secondo padre Bagatti, la chiesa bizantina apparteneva a un periodo molto vasto che va dall'inizio del V fino al VII-VIII secolo.

Il periodo crociato

Nel 1099, stabilito il regno crociato di Gerusalemme, Tancredi di Altavilla fu nominato principe della Galilea e prese subito a cuore la ricostruzione delle chiese sulle antiche memorie evangeliche, in particolare a Nazaret, a Tiberiade e sul Tabor, come scrive Guglielmo di Tiro, lo storico contemporaneo delle Crociate. Sewulfo, che visitò Nazaret nel 1102, nonostante abbia visto un villaggio in rovina vi trovò un monastero sul luogo dell'Annunciazione, a suo giudizio bellissimo. Nazaret divenne in pochi anni sede vescovile – vi fu trasferita quella di Scitopoli nel 1109-1110 – e la nuova Basilica dell'Annunciazione, affiancata da un monastero, fu sontuosamente ricostruita e dotata di molti beni.

Capitello crociato rinvenuto a inizio Novecento

Nei dintorni della città i crociati edificarono la chiesa di S. Gioacchino e S. Anna presso Sefforis, a ricordo della tradizione apocrifa che vi poneva la casa dei genitori di Maria. Inoltre, sulla cima della collina che sovrastava l'antico insediamento, eressero una fortezza a guardia della sottostante piana di Zebulon. Anche sul Tabor costruirono una fortezza che cingeva la Basilica della Trasfigurazione con l'attiguo monastero. Il terremoto che colpì duramente la Siria nel 1170 non dovette risparmiare nemmeno la Palestina, recando distruzioni che facilitarono gli attacchi dei saraceni: il villaggio di Nazaret fu tra quelli presi d'assalto.

Nel dicembre 1170, spinto da un appello di Letardo, arcivescovo di Nazaret, papa Alessandro III scrisse ai cristiani della Francia perché prestassero soccorso alla cittadina. Il legame tra Nazaret e la Francia deve essere stato sempre molto stretto, dato che lo stesso stile architettonico e scultoreo con cui la cattedrale venne riccamente decorata è quello francese del XII secolo, in particolare della Borgogna, l'Ile-de-France, il Viennois e la Provenza. Padre Bagatti sostenne che anche la chiesa subì danni e pose il terremoto del 1170 come spartiacque tra il momento di costruzione e quello di decorazione dell'edificio.

Gli indizi portano a pensare che la cattedrale dovesse essere terminata entro la fine del XII secolo, anche perché nel 1183 gli abitanti di Nazaret furono presi d'assalto per la prima volta dalle truppe di Saladino, che si accamparono sulle alture circostanti, costringendo l'intero villaggio a rifugiarsi nella chiesa costruita con possenti mura.

La prima parabola crociata ebbe termine con la sconfitta ai Corni di Hattin, il 4 luglio 1187, che provocò la presa della città da parte delle truppe di Saladino e l'uccisione dei cristiani che si erano riparati all'interno della basilica fortificata. Raul di Coggeshall, che visitò la Terra Santa in quei drammatici anni, descrive le profanazioni che «i figli di Sodoma» perpetrarono nei numerosi luoghi santi. Il trattato di pace con i musulmani del 1192 consentì ai cristiani di mantenere la Basilica dell'Annunciazione: l'arrivo dei pellegrini non fu più ostacolato fino alla rottura del trattato sotto il sultano Malik al-'Adil (1211).

La seconda fase crociata si aprì nel 1229 con l'accordo stipulato tra l'imperatore Federico II e il sultano Malik al-Kamil, che concesse ai cristiani la città di Nazaret assieme a Gerusalemme e Betlemme. Nel periodo successivo ripresero i pellegrinaggi e la grotta dell'Annunciazione fu visitata anche dal re di Francia Luigi IX, che qui partecipò a una Santa Messa il 24 marzo 1251.

Infine, nell'aprile del 1263 la cittadina fu presa d'assalto da uno degli emiri del sultano Baibars: le case furono razziate e l'imponente basilica crociata distrutta per sempre. Risparmiata, la grotta dell'Annunciazione rimase fino al 1730 l'unico luogo visitabile e meta dei pellegrini, che per accedervi dovevano pagare una tassa ai guardiani musulmani.

Capitello crociato, particolare

LA CATTEDRALE CROCIATA

La prima testimonianza scritta sulla basilica crociata è del pellegrino russo Daniele, che tra il 1106-1107 racconta di aver visto elevarsi, nel centro del villaggio, una grande chiesa che conservava al suo interno la grotta in cui l'angelo fece l'annuncio a Maria. Stando alla testimonianza, i lavori per la costruzione dell'imponente basilica iniziarono molto presto, grazie alle numerose donazioni che il principe Tancredi fece alla comunità di Nazaret. La basilica era servita da canonici regolari, affiancata dal palazzo vescovile, dotata di ospitale per l'accoglienza dei pellegrini e di una ricca biblioteca.

È indubbio che l'edificio rispecchiasse il benessere e il prestigio dell'arcivescovado. Grazie alle varie indagini oggi è possibile avere un'idea più precisa di quello che deve essere stato uno dei complessi più ricchi e importanti della Terra Santa crociata.

Attorno alla grande chiesa, orientata est-ovest, si sviluppavano a nord il palazzo vescovile, a sud una serie di stanze aperte su un loggiato, forse l'ospitale dei pellegrini o le scuderie, e a est, dietro le absidi, il cimitero. Le vaste costruzioni crociate andarono a distruggere buona parte delle abitazioni precedenti e a modificare il profilo del suolo.

1-2 Capitello crociato detto "di San Pietro"

La chiesa aveva tre navate, terminanti in absidi semicircolari chiuse dentro mura rettangolari; esternamente misurava 72 x 30 m, internamente 61 x 21: è evidente la sproporzione tra la lunghezza e la larghezza, dovuta probabilmente al pendio roccioso che scende fortemente da nord a sud e che obbligò i costruttori a una chiesa stretta e lunga per ottenere maggiore stabilità. Le mura delle absidi e della facciata erano spesse anche cinque metri, mentre le laterali solo due: l'aspetto fortificato doveva essere evidente, con facciata in vista e vari edifici ai lati.

La chiesa era costruita con pietre locali dette "mizzi", "sultana" e "nari", di colore bianco, che ben si prestavano perché resistenti e compatte: generalmente furono impiegati conci squadrati in pietra sultani per le parti basse e pietra nari per quelle alte.

La facciata aveva un solo portale di accesso. Con i vari pezzi recuperati nel 1955, fu possibile per p. Bagatti ricostruire ipoteticamente il portale strombato, con zoccolatura di base sormontata da colonnine che sostenevano l'archivolto. Quest'ultimo doveva essere particolarmente ricco: i resti dell'arco mostrano figure di animali e fasce con decoro a foglie, raccolte da un nastro e sormontate da cerchietti; una bella iscrizione della seconda metà del XII sec. doveva accogliere il pellegrino che attraversava il portale. Al centro la lunetta poteva essere arricchita di sculture in altorilievo di dimensioni prossime al reale. Bagatti avanzò anche l'idea che alcuni frammenti di scultura potessero appartenere alla decorazione dei fianchi del portale. Negli anni Ottanta del Novecento anche lo studioso Z. Jacoby ha tentato una ricostruzione del portale: lo stile poteva essere di ispirazione borgognona, con due accessi separati da una statua-colonna centrale e con un Cristo in gloria nella lunetta centrale.

Entrambi gli studiosi collocano i capitelli istoriati, ritrovati nella grotta, sopra le colonne laterali del portale.

Notando lo spessore dei muri della facciata Bagatti ipotizzò che due torri campanarie si elevassero ai lati, sullo stile di molte chiese crociate.

I fianchi esterni della chiesa erano rinforzati da contrafforti, ai quali corrispondevano internamente semi-pilastri cruciformi; all'interno le navate erano ritmate da sei pilastri per lato. I diversi frammenti di capitelli fogliati, decorati anche con mascheroni o frutta, le mensole con foglie e intrecci geometrici, e le basi con ornamenti geometrizzanti fanno pensare a una chiesa decorata in modo molto vario. La luce entrava dalle finestre poste in alto, lungo le navate laterali, al di sotto delle volte.

Il sontuoso edificio raccoglieva al suo interno la grotta venerata che era inserita tra i pilastri, sotto le arcate della navata sinistra. Al luogo santo si scendeva inizialmente tramite due scalinate (una a ovest verso l'entrata e una a est verso le absidi); poi, in un secondo tempo, fu mantenuto solo l'accesso occidentale.

Per facilitare il movimento dei pellegrini attorno alla grotta, gli architetti crociati realizzarono un'absidiola poco profonda, lungo il fianco nord della chiesa. Sono molti i graffiti lasciati nella roccia e sulle pietre dai fedeli che, girando attorno alla cavità, potevano anche guardarvi dentro grazie a una *"finestrella confessionalis"*. Secondo la ricostruzione di p. Bagatti e p. Alliata, era possibile che al di sopra della grotta ci fosse un altare coperto da un'edicoletta, adornata dei capitelli a foglie grasse ritrovati in scavo.

La grotta, a un livello più basso del pavimento della chiesa, subì trasformazioni che la modificarono rispetto al periodo bizantino, ad esempio con la probabile eliminazione della "grotta di Conone".

Le scale conducevano a uno spazio rettangolare, chiamato "cappella dell'Angelo" e da questo vano si accedeva al luogo venerato. Scendendo dalle scale di ovest alla destra della cappella dell'Angelo si aprivano due camerette poste più in basso, di uso incerto. Padre E. Horn, quando disegnò la chiesa nel 1730, vide le tracce del pavimento in stile cosmatesco, che oggi non esiste più e che probabilmente ornava tutta la cavità. Le pareti di quest'ultima furono regolarizzate e assottigliate per la costruzione della chiesa sovrastante: per questo, parte della volta fu ricostruita in muratura e furono aggiunte colonne di granito come rinforzo.

I crociati risistemarono anche la cappella dell'Angelo; inoltre venne aggiunta la memoria del luogo in cui venne alla luce Maria.

In generale, quindi, i lavori compiuti nel XII sec. stabilirono la nuova forma architettonica del luogo santo, sia nella pianta che negli alzati; inoltre le memorie ricordate furono suscettibili di nuove venerazioni.

È possibile che il progetto per la decorazione della grotta abbia avuto inizio dopo il terremoto del 1170.

I Mamelucchi

A partire dal 1260 i Mamelucchi provenienti dall'Egitto iniziarono un'azione militare contro i crociati e contro le ultime sacche di potere ayyubide in Siria e Palestina. Nel 1263 il sultano Baibars ordinò alle sue milizie di occupare e demolire definitivamente i luoghi cristiani: la Basilica dell'Annunciazione e quella del Tabor subirono la stessa rovinosa sorte.

Durante il periodo mamelucco (1291-1517) Nazaret divenne una città fantasma; gli avventurosi pellegrini che la raggiunsero lasciarono testimonianza dell'esistenza di una piccola cappella che proteggeva la grotta dell'Annunciazione e del fatto che per entrarvi bisognasse pagare una tassa ai musulmani. Gli altri luoghi cristiani erano la Fonte di Maria vicina alla chiesa di S. Gabriele Arcangelo, la chiesa sulla Sinagoga custodita dai greci e la grotta al Monte del Precipizio (Ricoldo di Monte Croce, 1294; Iacopo da Verona 1335; fra Niccolò da Poggibonsi, 1347; fra Francesco Suriano, 1485). Nel XIV secolo una piccola comunità di francescani si stabilì a Nazaret ma fu ben presto obbligata a lasciarla.

L'epoca ottomana

Il villaggio rimase piccolo e ostile ai cristiani soprattutto nel lungo periodo turco (1517-1917). La chiesa di S. Gabriele era officiata dal clero greco, come riporta il Custode Bonifacio da Ragusa durante il

Nazaret sul finire del XIX secolo

suo pellegrinaggio ai luoghi santi di Nazaret. Compresa nei domini dell'impero turco, la Chiesa greca beneficiava di maggiore sostegno e vantaggi da parte dei sultani rispetto a quella latina.

Nel 1620, per merito dell'emiro druso di Sidone Fakr el-Din II, il Custode Tommaso Obicini da Novara prese possesso della grotta dell'Annunciazione, delle rovine della basilica di Nazaret e di quella del Tabor. I francescani vi riattivarono così il culto latino. All'arrivo dei francescani seguì quello dei Maroniti, cattolici di rito orientale che formano ancora oggi la maggioranza della comunità cristiana della città, e dei Melchiti.

Le prepotenze ottomane contro i cristiani pesarono anche sui residenti di Nazaret: nel 1624 il villaggio fu saccheggiato per ordine dell'emiro Tarabei e i francescani furono costretti a fuggire insieme agli abitanti. Alla morte dell'emiro Fakr el-Din, sostenitore dei francescani, seguirono anni di dure persecuzioni, in cui i frati furono imprigionati e uccisi. Nel 1638 i cristiani di Nazaret vennero attaccati per la prima volta dagli abitanti musulmani di Sefforis e, nonostante il tentativo di difendersi, l'abitato fu conquistato, le case bruciate e gli abitanti messi in fuga. I francescani cercarono più volte di far valere i propri diritti contro le continue devastazioni.

Finalmente, nel 1730 fu possibile ricostruire sopra la grotta dell'Annunciazione una piccola chiesa quadrata, affiancata dal nuovo monastero francescano, che fu benedetta dal padre Custode Andrea da Montoro il 15 ottobre. In assenza di un'autorità governativa, la comunità francescana, per buona parte del secolo, assunse l'onere di garante finanziario e dell'amministrazione della giustizia per conto dei pascià di Sidone e del governatore di Acco, su Nazaret come su altri villaggi circostanti. Entro il 1789 la città tornò ad avere un proprio governatore che risiedeva in un palazzo ed era onorato come un principe.

Nel corso del XIX secolo, l'impero ottomano iniziò a risentire delle spinte nazionaliste interne. La politica più liberale e riformista del sultano Abdülmecid I permise una maggiore

1. La chiesa dell'Annunciazione nel 1945

2. Nazaret, 1898-1946

3. La Fontana della Vergine, 1898-1914

4. Veduta aerea della città, 1932

4

apertura e stabilità che condusse anche Nazaret a un rapido sviluppo. La comunità residente era formata soprattutto da cristiani appartenenti a diversi riti (4.000 fedeli cristiani e 2.000 musulmani).

Con l'aumentare dei fedeli la chiesa francescana si fece inadeguata e nel 1877 si decise di allungare la navata, così da aumentarne la capienza. Questa chiesa fu usata fino alla costruzione di quella attuale.

SCHEDA

LA PRIMA CHIESA FRANCESCANA SETTECENTESCA

Il 15 ottobre 1730 una nuova chiesa, costruita sulla sacra grotta in meno di sei mesi, fu consacrata dal Custode Pietro da Luri per ospitare la comunità cristiana locale, in progressivo aumento.

Si trattava di una chiesa orientata nord-sud, che ospitava sotto il presbiterio la cripta con la grotta dell'Annunciazione, preceduta da una breve anticamera. La chiesa fu descritta nelle cronache di Terra Santa contemporanee come la più bella posseduta dalla Chiesa latina in Oriente. Padre Elzear Horn

nel 1742 ne fece diversi disegni che indicano bene la disposizione della grotta sotto il presbiterio, raggiungibile da una scalinata. Nell'anticamera, la Cappella dell'Angelo, con volte a crociera sorrette dalle quattro colonne in granito che tutt'oggi sono visibili; sulla sinistra c'era l'altare dedicato a san Gabriele. Sul fondo della grotta si trovava l'altare ligneo riccamente decorato con un quadro raffigurante l'Annunciazione e, sotto la mensa, il punto esatto dell'Incarnazione, segnalata dalla scritta in argento: «Verbo Caro hic factum est». Tutte le raffigurazioni settecentesche mostrano la colonna spezzata e quella integra che da secoli indicavano le posizioni dell'angelo Gabriele e della Vergine durante l'Annunciazione. La grotta era collegata, attraverso un antico cunicolo, alla grotta della "Cucina di Maria" e al convento francescano.

La chiesa superiore aveva inoltre due altari lungo i fianchi, dedicati uno a san Francesco e l'altro a sant'Antonio da Padova, e due altari sulla parete nord, intitolati a san Giuseppe e a sant'Anna (lo sposo e la madre di Maria).

L'ultimo secolo

Alla presa di Nazaret da parte delle truppe britanniche guidate dal generale Allenby (1918), la popolazione residente contava circa 8.000 persone, di cui due terzi cristiani divisi tra greco-ortodossi, greco-cattolici e latini. Gli inglesi portarono una discreta libertà e sicurezza e Nazaret conobbe una nuova era di prosperità mai conosciuta prima, diventando centro amministrativo della Galilea. Entro la fine del mandato britannico sulla Palestina (1948) il numero di abitanti aveva raggiunto le 18.000 unità, più del doppio. Nazaret arrivò ad ospitare il 10% dei circa 100.000 cristiani di Palestina e vide fiorire diverse attività caritatevoli, sociali e politiche supportate dalle varie Chiese.

Con la nascita di Israele, nel 1948, la città entrò a far parte del nuovo Stato. Il processo non fu semplice per le Chiese locali, formate da fedeli di etnia araba i cui leader religiosi furono talvolta accusati di nazionalismo arabo. La guerra per l'indipendenza israeliana cambiò molto la distribuzione degli arabi sul territorio: alla fine del conflitto a Nazaret si stabilirono circa 12.000 sfollati dai villaggi musulmani palestinesi, che provocarono l'inizio dello spostamento della maggioranza religiosa, fino ad arrivare al 70% di musulmani sul totale dei nazaretani nell'ultimo decennio del Novecento.

Nel frattempo, dal 1957 nella parte alta di Nazaret è sorto un quartiere residenziale e governativo, a maggioranza ebraica, chiamato Nazaret Illit, che significa "alta".

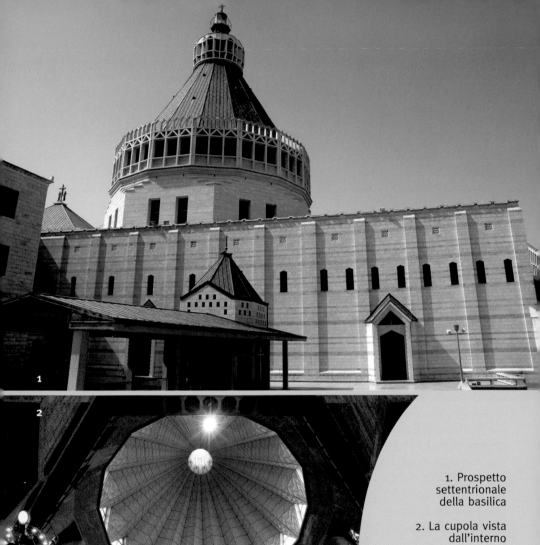

1. Prospetto settentrionale della basilica

2. La cupola vista dall'interno

3. Veduta aerea del complesso francescano nel cuore di Nazaret

LA NUOVA BASILICA

Già alla fine della prima guerra mondiale la Custodia di Terra Santa iniziò a manifestare l'idea di costruire un santuario più degno nel luogo dell'Annunciazione. L'occasione propizia si presentò diversi anni dopo, nel 1954, in occasione del primo centenario della proclamazione del dogma dell'Immacolata Concezione, quando il padre Custode Giacinto Faccio decise di intraprendere i lavori, che compresero l'abbattimento di tutte le strutture settecentesche e le indagini archeologiche dei resti antichi.

Il noto architetto romano Antonio Barluzzi, che per la Custodia aveva già progettato importanti santuari come il Getsemani, il Tabor e il Dominus Flevit, fu il primo a ricevere l'incarico. Un articolo con i disegni del suo progetto fu pubblicato sulla rivista *La Terra Santa* nel 1954; si trattava di una grande chiesa con pianta centrale, coperta da cupola e affiancata da quattro campanili e, al centro, sotto un ciborio, la grotta venerata.

La riscoperta dell'antico villaggio e il susseguirsi delle costruzioni attorno alla grotta, che manifestavano un'ininterrotta venerazione mariana fin dai tempi apostolici, imposero nuovi elementi di cui tener conto nell'allestimento del santuario. Infatti, dalla Santa Sede partì l'invito a conservare al meglio i resti dell'antico insediamento e delle diverse chiese, sollecitazione che portò la Custodia a promuovere un nuovo progetto, questa volta affidato al milanese Giovanni Muzio. L'architetto fu proposto dal padre Custode Alfredo Polidori, che valutò l'esperienza di Muzio nel progettare edifici religiosi, in particola-

re per i francescani (sua è la Curia Generalizia dei frati minori a Roma).

Le necessità da soddisfare erano diverse: costruire un nuovo santuario mariano che potesse accogliere milioni di pellegrini da tutto il mondo, conservare il più possibile in vista i resti crociati e bizantini a testimonianza della lunga venerazione, ovviare alle difficili condizioni topografiche provocate dal forte declivio del colle, pensare a un luogo che potesse essere pratico e facilmente gestibile anche da un numero limitato di religiosi e che potesse ospitare anche le attività della comunità parrocchiale di Nazaret. L'architetto si appassionò talmente al progetto che rinunciò al suo onorario.

Muzio concepì una chiesa fondata su quella crociata e divisa su due livelli; in quello inferiore i fedeli potevano fermarsi in preghiera davanti alla grotta venerata dell'Annunciazione, in un ambiente semplice che facilitasse il raccoglimento, anche se capiente. La grande chiesa superiore fu pensata come il luogo della glorificazione di Maria attraverso i secoli e i continenti, per una devozione più festiva. Grazie al grande oculo centrale che si apre sopra la grotta, le due chiese dovevano fondersi in un tutt'uno, incoronate da una cupola poligonale a forma di corolla di fiore rovesciata che termina in una lanterna, che possa indicare da lontano, come una stella, il luogo santo.

Con l'approvazione della Santa Sede i lavori iniziarono e proseguirono senza soste. Gli ingenti costi che la Custodia sostenne furono fronteggiati anche grazie alla generosa risposta di molti fedeli che, attraverso le pagine della rivista *La Terra Santa* e il prezioso aiuto dei Commissari di Terra Santa, rimanevano sempre aggiornati sull'avanzamento del progetto.

I lavori iniziarono nel 1959 e l'accordo con la ditta esecutrice fu firmato nel settembre del 1960. Già nel 1964 papa Paolo VI vi si recò durante il suo pellegrinaggio in Terra Santa. Domenica 23 Marzo 1969, alla presenza del cardinale Gabriele Maria Garrone – Prefetto della S. Congregazione per l'Educazione Cattolica –, del Patriarca Latino di Gerusalemme S. B. mons. Alberto Gori, e del Ministro Generale dell'Ordine Francescano padre Costantino Koser, il santuario ricevette la nuova consacrazione.

Tuttavia, a segnare ancora la cittadina è l'imponenza della Basilica dell'Annunciazione, che attrae ogni anno milioni di pellegrini locali e stranieri. La basilica fu inaugurata nel 1969, su progetto dell'architetto Giovanni Muzio. Attualmente la parrocchia latina conta circa 5.000 fedeli e viene annoverata fra le comunità più dinamiche della Terra Santa.

La chiesa di San Giuseppe

Circa 100 metri a nord-est della Basilica dell'Annunciazione sorge la chiesa di San Giuseppe, detta anche della Nutrizione.

STORIA

I primi pellegrini conoscevano solo due chiese, quella dell'Annunciazione e quella di San Gabriele presso la fontana della Vergine. Il pellegrino Arculfo, nel 670, parla di una chiesa della Nutrizione costruita «su due archi nel luogo dove una volta si trovava la casa nella quale il Signore nostro Salvatore è stato nutrito».

Il primo a ricordare la chiesa è padre Francesco Quaresmi che nel 1620 fa riferimento a quella che lui credeva essere la casa-officina di san Giuseppe. Sembra però che il Quaresmi abbia mal interpretato il nome con cui gli arabi chiamavano questo luogo, che sarebbe stato non un'officina ma un caravanserraglio (*dukan*). Egli vide solo una «casa rustica», che passò in mano francescana nel 1754 e, riusando le absidi crociate, diventò una piccola cappella; fu poi rinnovata nel 1858. Ad acquistare l'edificio, con il permesso dei superiori, fu il padre guardiano di Nazaret Angelo da Mirandola, per la somma di 30 piastre.

Il resto dei terreni circostanti entrò in mano francescana nel 1890: padre Prosper Viaud poté così realizzare per la prima volta la pianta completa dei resti della chiesa crociata. Sulle fondazioni medievali nel 1911 si procedette a erigere l'attuale chiesa (terminata nel 1914). La nuova costruzione fu innalzata interamente in stile crociato; la navata centrale fu costruita appositamente rialzata, per ricavare una cripta dove mostrare i risultati degli scavi.

Gli ambienti sotterranei, posti proprio sotto la chiesa medievale, attrassero particolarmente l'attenzione dei francescani. Si trattava di una grotta con cunicolo, una serie di silos

L'antica chiesa di San Giuseppe prima del rifacimento attuale (1911-14)

a pera e di una cisterna molto grande collegati con l'esterno da una scala intagliata nella roccia. Sembra che l'insieme sia un riadattamento successivo di ambienti legati al villaggio, simili a quelli ritrovati a nord dell'Annunciazione. In superficie si conservava una piccola vasca, probabilmente di età bizantina, di circa 2 metri per lato, interpretata come parte di un edificio più antico.

Una lettura della vasca e degli ambienti sotterranei fu fatta dai padri Bellarmino Bagatti ed Emanuele Testa, che vi videro una connessione con i riti battesimali giudeo-cristiani. L'ipotesi però non è ritenuta valida da alcuni studiosi, che privilegiano la funzione agricola della vasca, da collocare nel contesto di un frantoio.

Ciò che si conosce della chiesa crociata proviene dallo scavo condotto a fine Ottocento da padre Viaud. Basandosi sulle foto e sulle descrizioni del francescano, venne scelto di ricostruire una chiesa sullo stile di quella crociata, orientata est-ovest, con tre absidi e tre navate suddivise da cinque colonne per lato. L'edificio originario aveva dei semi-pilastri che rinforzavano le pareti. Le murature, di cui restavano alcuni filari ancora in vista, erano fatte con blocchi squadrati di pietra locale "nari". A causa delle case costruite in epoche successive, all'interno della chiesa non restavano tracce dei pilastri. Viaud disegnò alcuni elementi architettonici che facevano parte dell'edificio (cornici e archi). Il portale posto in facciata era strombato verso l'interno e aveva un'apertura di circa 1,75 m.

I francescani a Nazaret

Bonifacio da Ragusa, che fu due volte Custode di Terra Santa, scriveva nel 1567 che circa vent'anni prima i frati erano presenti a Nazaret, dove custodivano la chiesa dell'Annunciazione, e che a un certo momento, a causa di disordini nel paese, dovettero rifugiarsi a Gerusalemme lasciando le chiavi a un cristiano del luogo «il quale fino ad ora custodisce la casa, apre e chiude la chiesa e tiene accese due lampade con l'olio che gli dà il padre Custode».

Della chiesa parla anche un firmano (un decreto sultanale), ottenuto dal padre Superiore di Terra Santa il 15 giugno 1546, che permetteva ai frati di restaurare la loro chiesa di Nazaret. Evidentemente si trattava della chiesa dell'Annunciazione costruita dai crociati e andata distrutta, tra le cui rovine continuò la venerazione alla grotta. La chiesa però non fu restaurata proprio per i continui attacchi contro i cristiani che fecero allontanare i religiosi.

La presenza francescana a Nazaret è ufficiale dal 1620, quando il Custode Tommaso Obicini da Novara ottenne dall'emiro druso di Sidone, Fakhr ad-Din II, la donazione della grotta venerata. Assicuratala ai francescani, il padre Jacques de Vendôme vi rimase a guardia assieme ad altri due frati che lo raggiunsero da Gerusalemme, e sulle rovine iniziò a costruire delle celle provvisorie e un piccolo ambiente unito alla grotta, per celebrarvi le funzioni. A partire dal 1635, con l'uccisione dell'emiro, i frati non ebbero più protezione e i cristiani locali furono presi di mira per i due secoli successivi: il luogo venerato fu più volte saccheggiato, spogliato e danneggiato e i frati maltrattati, incarcerati e a volte persino uccisi.

Nei secoli XVII e XVIII si rese ripetutamente necessario l'abbandono del convento di Nazaret e il ritiro forzato all'ospizio francescano di Acco o a Gerusalemme. Nel Seicento, in particolare, le estorsioni e i saccheggi da parte del governatore di Safed portarono più volte i frati a chiedere giustizia davanti alla corte imperiale di Istanbul perché fossero restituiti i loro beni, cessassero le estorsioni di denaro e fosse ripristinata la legalità nel paese. Nonostante questo, la tenacia li portò ad avviare la prima scuola parrocchiale nel 1645 e a dare ospitalità ai pellegrini nell'ospizio allestito nelle semplici celle del piccolo convento.

Viste le continue difficoltà, già nel 1697 i religiosi pensarono che, per poter meglio fronteggiare la continua instabilità, fosse necessario "prendere in affitto" il villaggio di Nazaret e, con il tempo, altri tre centri poco lontani (Yaffia,

L'interno della Basilica dell'Annunciazione prima della costruzione del nuovo edificio (1960-69)

Mugeidel e Kneifes). Per mantenere questo affitto i frati dovevano pagare un pesante canone. In pratica il padre guardiano di Nazaret assumeva l'incarico di responsabile civile, amministrando la giustizia e riscuotendo tasse per il pascià di Saida e il governatore di Acco. Tale consuetudine rimase fino al 1770, quando vi si dovette rinunciare a causa dell'insostenibile tassazione.

Durante l'Ottocento l'impero ottomano iniziò a risentire delle spinte nazionaliste interne. Ne conseguì una politica più liberale e riformista da parte del sultano Abdülmecid I, che concesse una maggiore apertura e stabilità anche alle varie espressioni religiose. A Nazaret, ad esempio, i frati poterono aprire nel 1867 il noviziato per la formazione dei giovani religiosi, che sopravvisse fino al 1940. Fu un secolo di crescita per tutti: i latini, che nel 1848 contavano 600 fedeli, entro la fine del secolo erano diventati il doppio. Anche le opere sociali e parrocchiali fiorirono: è del 1842 l'apertura della prima scuola femminile, che si univa a quelle che la Custodia stava inaugurando a Gerusalemme e Betlemme. Nel 1837 per i pellegrini fu costruito un nuovo ospizio, poi andato distrutto. L'attuale Casa Nova, edificata di fronte alla basilica, è del 1896: oltre a ospitare personaggi illustri e diversi papi, la Casa Nova accolse tra le sue mura numerosi profughi palestinesi nella guerra arabo-israeliana del 1948.

Oggi i francescani a Nazaret si prendono cura di una comunità parrocchiale di 5.000 fedeli che si raccolgono attorno al santuario dell'Annunciazione. Il Terra Sancta College occupa un ampio edificio collegato al convento e conta circa 800 studenti, cristiani e musulmani, favorendone l'integrazione. Le altre attività sociali comprendono una casa di riposo per anziani e un centro per disabili, oltre che alcune abitazioni destinate ai più poveri.

Gli scavi sulla proprietà francescana

Fra Benedict Vlaminck fu il primo a indagare il sottosuolo intorno alla sacra grotta. Pubblicò i risultati delle sue scoperte nel 1900, nel suo *A Report of the Recent Excavations and Explorations Conducted at the Sanctuary of Nazareth*. Nel 1892 egli scoprì una seconda grotta affrescata, detta poi "di Conone", posta a ovest di quella venerata, con i resti bizantini dei pavimenti in mosaico. In quell'occasione fu fatto il rilievo della prima pianta della chiesa crociata che racchiudeva i resti antichi.

Nel 1889 e poi tra il 1907 e il 1909, altre indagini furono continuate da padre Prosper Viaud e i risultati furono prontamente pubblicati nel 1910, arricchiti di belle illustrazioni, nel volume *Nazareth et ses deux églises de l'Annonciation et de Saint-Joseph*. Le scoperte ottennero eco immediata grazie al rinvenimento del mosaico con la corona e il monogramma di Cristo e dei famosi capitelli crociati con la storia degli Apostoli. Sembra certo che i capitelli, forse mai messi in opera, siano stati nascosti alla fine del periodo crociato per proteggerli dalle depredazioni musulmane.

Scavi e ritrovamenti
a Nazaret

Altri scavi furono praticati durante la costruzione del nuovo convento francescano nel 1930, ma i diari con le annotazioni andarono perduti durante la seconda guerra mondiale.

Il progetto di costruzione della nuova Basilica dell'Annunciazione, inaugurata nel 1969, fu l'occasione per iniziare ricerche più approfondite ed estese sul passato del villaggio e i resti antichi. Le indagini archeologiche furono dirette da padre Bellarmino Bagatti, uno dei fondatori della tradizione archeologica dello Studium Biblicum Franciscanum, esperto conoscitore delle antichità del paese.

Nel marzo 1955 furono abbattute le strutture della chiesa francescana costruita nel 1730 e ampliata nel 1877, del vecchio convento e delle scuole. Lo spazio a nord della sacra grotta, finalmente libero, fu esplorato tra l'aprile e il giugno dello stesso anno con l'aiuto di più di 120 operai locali che, scavando giornalmente sotto l'attento sguardo di padre Bagatti e del suo collaboratore padre Gaetano Pierri, ripulirono un'area di circa 90 x 60 metri. Le indagini erano rivolte soprattutto alla comprensione del villaggio, delle sue caratteristiche materiali e del suo sviluppo nel tempo.

I lavori concessero di esplorare la zona a est, a sud e a nord della grotta. Oltre al muro settentrionale della chiesa crociata e a qualche altra struttura già ben documentata in passato, furono riportati completamente alla luce le absidi e i muri perimetrali, fu scoperto il cimitero crociato che si sviluppava a est e nel contempo furono recuperati moltissimi elementi di colonne in granito e blocchi scolpiti che appartenevano alla decorazione del ricco santuario. Del complesso di età bizantina fu possibile indagare la chiesa, con le absidi, le tre navate e la sacrestia, i resti dei pavimenti musivi di ambienti posti a sud e in uso al monastero e, in aggiunta, lo spazio antistante riservato all'atrio dove venne alla luce anche una cisterna per l'acqua. Infine i resti del villaggio, che sono ancora oggi visitabili all'interno dell'area archeologica a fianco della basilica, comprendono un sistema di grotte naturali e artificiali che componevano parte delle abitazioni, silos per le granaglie e cisterne per l'acqua, il cui svuotamento ha restituito ceramiche che testimoniano una frequentazione del sito sin dall'età del Ferro. Inoltre furono trovate una serie di tombe che risalgono anche al Bronzo medio.

Durante la realizzazione del nuovo santuario nacque anche l'esigenza di conservare meglio i mosaici bizantini. Per questo furono rimossi e adagiati su una nuova base. Si colse allora l'occasione per investigare anche aree sottostanti i mosaici. Con vera sorpresa per padre Bagatti e i suoi collaboratori, furono scoperti i resti di un più antico edificio pre-bizantino che riportava chiari segni di venerazione cristiana.

I risultati degli scavi, nel complesso, furono principalmente tre:

1. Il ritrovamento della parte più meridionale del villaggio di Nazaret, di cui faceva parte anche la casa della grotta venerata, che confermò storicamente l'esistenza dell'abitato all'epoca di Gesù;

2. Una più ampia comprensione delle strutture e dell'organizzazione degli spazi delle due successive chiese bizantina e crociata;

3. La straordinaria scoperta dei resti del primo luogo di preghiera costruito sulla grotta venerata, che testimonia un'ininterrotta conservazione della memoria del luogo sacro a Maria dai primi secoli cristiani fino ad oggi.

Padre Bagatti descrisse le sue scoperte nei due volumi *Gli scavi di Nazareth* (*Dalle origini al XII secolo* e *Dal XII secolo ad oggi*, dati alle stampe rispettivamente nel 1967 e nel 1984).

STORIA

La Basilica dell'Annunciazione

Guardando la città di Nazaret dall'alto, la cupola tronco-conica della Basilica dell'Annunciazione si eleva sul resto degli edifici. La struttura quadrata e massiccia che ricorda una fortezza, con accanto il convento francescano, è resa elegante proprio dallo svettare della cupola, sostenuta da un tiburio traforato che la incornicia.

La costruzione, progettata dall'architetto milanese Giovanni Muzio, fu realizzata dalla ditta Solel Boneh di Tel Aviv, e si avvalse del lavoro di abili muratori e scalpellini cristiani e musulmani di Nazaret. Conclusa il 23 marzo 1969, fu inaugurata il giorno della festa dell'Annunciazione dello stesso anno.

La basilica raggiunge i 55 metri di altezza, con una pianta di 65 x 27 m, e per le sue dimensioni ha guadagnato la fama di essere il più grande monumento di questo genere in Medio Oriente.

L'esterno

Entrando dal cancello principale ci troviamo di fronte alla grande facciata, all'ingresso della basilica inferiore. Sulla sinistra è possibile vedere una bellissima statua della Vergine davanti a una fontana che scende a cascata sulla parete. Lungo tutto il perimetro sud del santuario si snoda un bellissimo porticato che delimita un vasto piazzale. Sotto il porticato è possibile apprezzare le raffigurazioni della Vergine realizzate da diversi artisti a rappresentanza dei santuari mariani nel mondo, tema ripreso anche nella basilica superiore. Sul retro, presso lo spigolo sud-est della chiesa, si eleva il campanile.

Il progetto di A. Barluzzi
per la nuova basilica

UNA GENESI COMPLESSA

Nel 1939 il padre Custode Alberto Gori incaricò l'architetto romano Antonio Barluzzi (1884-1960), che già da tempo collaborava con la Custodia nella realizzazione di importanti santuari in Terra Santa, di studiare un nuovo edificio a Nazaret sul luogo dove sorgeva la chiesa settecentesca dedicata all'Annunciazione. La guerra, tuttavia, segnò una battuta d'arresto: Barluzzi, rientrato in Italia, lavorò ai disegni negli anni successivi. Un primo progetto fu mostrato alla fine del 1941 a padre Leonardo Bello, Ministro Generale dell'Ordine francescano.

Nel 1950 i disegni e il plastico furono presentati all'Esposizione di Arte Sacra in Vaticano in occasione dell'Anno Santo: si trattava di un edificio a croce greca dall'imponente cupola centrale con tiburio finestrato, piccole cupole laterali, una galleria porticata attorno alla base e quattro campanili aguzzi.

Nel 1954 venne posta la prima pietra. Nello stesso anno, tuttavia, a partire dalla rivista francese *L'Art Sacré* si levò un'aspra critica nei confronti del progetto, accusato di essere inadatto rispetto alle reali esigenze, sovradimensionato ed eccessivamente costoso. La polemica si diffuse e trovò grande eco anche in Italia.

Nel 1955 ne venne quindi chiesta una revisione e un ridimensionamento. Barluzzi, molto addolorato dai giudizi negativi che gli venivano rivolti da più parti, presentò quindi una variante "ridotta", che però riscosse nuove perplessità. Nel 1958 il nuovo Custode padre Alfredo Polidori, esautorato di fatto l'architetto romano (il cui stato di salute si aggravò, costringendolo a rientrare in Italia), chiamò al suo posto il milanese Giovanni Muzio (1893-1982), cui spetta l'attuale basilica.

La facciata principale

La facciata ovest è decorata da bassorilievi e iscrizioni che sintetizzano teologicamente il mistero dell'Incarnazione, opera dello scultore italiano Angelo Biancini; in pietra bianca, è leggermente concava e intervallata da fasce orizzontali di pietra rosa, decorate con i quattro elementi del mondo che, secondo la cosmografia antica, Cristo dovette attraversare per incarnarsi: il fuoco, l'aria, l'acqua e la terra. Tre fasce di finestre, composte da finestrelle più piccole disposte a piramide, donano slancio verticale al solido prospetto.

In alto campeggiano due bassorilievi con Maria e l'angelo Gabriele nel momento dell'Annunciazione, con ai piedi la frase latina del saluto evangelico: *Angelus Domini nuntiavit Mariæ*. Nella fascia sottostante troviamo i quattro evangelisti assieme agli elementi simbolici che li caratterizzano iconograficamente. Ai lati, iscrizioni in lingua latina riprendono le profezie cristologiche e mariane dell'Antico Testamento: a sinistra il passo di Genesi 3,14-15 (*Ait Dominus ad serpentem. Ipsa conteret caput tuum et tu insidia-*

beris calcaneo eius) e a destra quello di Isaia 7,14b (*Ecce Virgo concipiet et pariet filium et vocabitur nomen eius Emmanuel*). Le tre porte d'ingresso sono sormontate dall'inno giovanneo: *Verbum Caro factum est et habitavit in nobis* (Gv 1,14).

La facciata è racchiusa ai lati da due torrioni ottagonali. Sulla sommità del timpano sta il Cristo benedicente, una statua in bronzo alta tre metri: tutta la facciata, infatti, celebra il Figlio di Dio «nato da donna, nato sotto la legge, per riscattare coloro che erano sotto la legge, perché ricevessimo l'adozione a figli» (Gal 4,4-5).

1. Un grandioso porticato
si estende lungo
il perimetro sud
del santuario

2. La cupola della basilica
svetta sui tetti della città

3. Il porticato ospita
raffigurazioni della Vergine
in rappresentanza
di diversi santuari mariani
nel mondo

4. La facciata principale,
attraverso sculture e
bassorilievi, sintetizza
il mistero dell'Incarnazione

La porta d'ingresso centrale con scene della vita di Cristo

Sull'architrave del vano centrale è scolpito il monogramma di Cristo, l'antico simbolo cristiano che si ritrova anche nei mosaici bizantini all'interno della chiesa. I battenti delle porte in bronzo e rame sbalzato, realizzati dallo scultore tedesco Roland Friedrichsen, rappresentano la vita di Cristo dalla nascita alla morte in croce. La porta centrale (Porta Santa), dono della Baviera, è di dimensioni maggiori ed è incorniciata da un portale in granito rosso. Al centro dell'architrave è scolpita la SS. Trinità che irradia il mondo con: Dio creatore, Dio salvatore, Dio vivificatore, il mondo della Promessa e quello della Redenzione. I simboli che la distinguono sono: l'occhio della provvidenza del Padre, la colomba dello Spirito Santo e la croce di Gesù Cristo. I battenti rappresentano storie della vita di Gesù in sedici episodi con a sinistra l'infanzia, la fuga in Egitto e la vita a Nazaret, e a destra l'attività pubblica con il battesimo, il sermone della montagna e la crocifissione. Sugli stipiti sono rappresentate figure bibliche dell'Antico e del Nuovo Testamento: a sinistra Adamo, Salomone, Isacco, Giacobbe, Noè, Abramo, Elia, Geremia, Samuele, Mosè e David; a destra: Pietro, Taddeo, Mattia, Tommaso, Simone, Giacomo, Giovanni, Bartolomeo, Filippo, Andrea, Matteo, Giacomo figlio di Alfeo. Gesù rappresenta l'unione tra l'Antico e il Nuovo.

Le due porte laterali, in rame sbalzato, sono decorate con scene bibliche dell'Antico Testamento messe in relazione con la figura di Cristo come Messia. Sulla porta di sinistra sono

rappresentate tre scene che ricordano la storia della Salvezza da Adamo ed Eva, attraverso Noè e il diluvio universale,
fino al sacrificio di Isacco. In questa porta, detta "di Adamo",
vengono messi in evidenza i fatti che hanno preceduto la
venuta di Gesù e di come Dio, nonostante il peccato originale, abbia sempre tentato di creare un'alleanza con l'uomo.
Le didascalie che contornano le scene sono tratte dai brani
dell'Antico Testamento.

Nella porta a destra, che solitamente viene usata per l'ingresso alla basilica, continua questo excursus di figure bibliche; in rilievo sono il re David e Giona, personaggi che rimandano direttamente a Gesù.

La facciata meridionale

Il fianco sud della basilica è abbellito dall'originale ed elegante facciata della "Salve Regina" da cui si accede alla basilica inferiore. Maria è qui esaltata come la seconda protagonista dell'Annunciazione, seconda solo a suo Figlio, madre di
speranza e di misericordia. La preghiera è incisa sulle pietre
delle fasce rosacee, a partire dalla prima riga in alto. Al centro
è ricavato un artistico balcone aperto sulla basilica superiore.
Immediatamente sotto, la statua di bronzo di dimensioni naturali della SS. Vergine, dell'italiano Franco Verroca, mostra
Maria in età giovanile, così come poteva essere al momento
dell'Annuncio.

Un piccolo pronao, decorato a mosaico e marmo, precede
la porta bronzea opera dello statunitense F. Sharady e dono
degli Stati Uniti. Essa è divisa in tante formelle e narra la vita
della Madonna, dall'infanzia all'ascensione; infine reca l'immagine di Maria quale *Mater Ecclesiæ*, che protegge con il suo
manto la Chiesa.

Ai lati dell'atrio vi sono due mosaici: uno rappresenta
l'immagine della *Navis Salutis* di Pietro, e l'altro l'arpa del
re David. Entrambi ricordano elementi della tradizione antica medievale, in particolare la navicella, che rappresenta la
Chiesa che attraversa i flutti senza mai affondare.

La facciata
meridionale con la
statua a grandezza
naturale della Vergine

■ Basilica attuale (1969)
▨ Chiesa francescana (1730-1880)
▨ Chiesa e cimitero crociati (XII sec.)
■ Chiesa bizantina (V sec.)
▫ Edificio pre-bizantino (IV sec.)
▨ Grotte di abitazioni (dall'VIII sec. a.C.)
▨ Cisterne e bagni (dal I sec. a.C.)
■ Tombe (II millennio a.C.)

A. Ingresso
B. Grotta venerata
C. Scavi e museo

La basilica inferiore

L'ingresso alla basilica inferiore è molto suggestivo e invita alla preghiera. Lo spazio è stato volutamente progettato in modo da dare risalto alla grotta venerata e ai resti archeologici che la tradizione attribuisce al luogo dell'Annuncio e dell'Incarnazione del Salvatore.

La struttura di cemento armato si alza sulla pianta della basilica crociata, di cui fu messo in luce il perimetro negli scavi della prima metà del XX sec. Le tre absidi sono ricostruite sulle originali dell'XI sec. Al centro dell'abside maggiore è posta una croce in rame sbalzato dello scultore Ben Shalom di Haifa, copia del crocifisso che parlò a san Francesco in San Damiano; in quella nord sono raffigurati i genitori di Maria, i santi Gioacchino e Anna, mentre in quella sud è esposto un quadro settecentesco dell'Annunciazione, precedentemente conservato all'interno della grotta venerata (dal 1754 al 1954, anno della distruzione della chiesa settecentesca).

La grotta, in posizione centrale rispetto alla basilica e a un livello più basso, è circondata da una cancellata in ferro battuto ed è sormontata da un baldacchino sospeso, decorato da rilievi in rame dorato che raffigurano la scena dell'Annunciazione. Nel santuario costruito dai francescani nel XVIII sec., essa si trovava invece sotto il presbiterio e vi si accedeva da una scala posta frontalmente.

Le finestre, dono dell'Austria e opera di Lydia Roppolt, richiamano un gusto antico.

Il presbiterio

L'area presbiteriale corrisponde al perimetro della basilica di epoca bizantina. Affacciandosi dalla balaustra di ferro è possibile godere la vista della grotta dell'Annunciazione. All'interno dell'antica abside semicircolare bizantina è predisposto lo spazio per i celebranti. L'altare, orientato verso la grotta, è al centro della piccola navata.

Sotto la balaustra scorrono le mura e i mosaici pavimentali della chiesa del VI sec. Questi mosaici sono molto fram-

mentari, a causa delle trasformazioni strutturali subite dal santuario nei secoli. Quelli a sud, con cornice a intreccio geometrico, appartengono alla navata laterale della chiesa bizantina. Quelli a ovest, orientati verso la Grotta, sono molto discussi e potrebbero appartenere a un edificio venerato pre-bizantino: rappresentano una corona formata da tessere nere e rosso-vermiglie con al centro il monogramma costantiniano formato dalle lettere greche *Chi-Ro*, che stanno per le iniziali del nome di Cristo. Di seguito, un altro quadro del mosaico è composto da tessere nere su sfondo bianco, con il motivo della croce cosmica.

L'attuale cappella dell'Angelo, lo spazio che precede la grotta e gli fa da anticamera, è sempre stata parte del luogo sacro, fin dall'edificio pre-bizantino. Lo testimoniano il mosaico con l'iscrizione in greco che cita il diacono Conone di Gerusalemme e le scalette tagliate nella roccia che collegavano il piano superiore, con i pavimenti in mosaico, al livello inferiore della cappella. Questa, oggi libera da mura, è delimitata da quattro colonne in granito erette su una balaustra, che la dividono dal presbiterio. Le colonne appartengono al santuario di epoca crociata e sostenevano le volte della cappella.

La grotta dell'Annunciazione

Come negli altri santuari sulle memorie cristiane di Terra Santa, nella grotta di Nazaret si fa memoria dell'*HIC*, cioè dell'esatto luogo in cui i fatti evangelici si svolsero: qui la Vergine Maria udì le parole dell'annuncio e pronunciò il «fiat».

Per raggiungerla, si scendono sette gradini della scalinata est e si transita lungo la cappella dell'Angelo, verso la scala di risalita; queste due scalinate corrispondono agli ingressi costruiti in epoca crociata, che dovevano essere simili a quelli che ancora oggi conducono all'interno della grotta di Betlemme.

Già dall'esterno si possono osservare due elementi, poco notati dal visitatore, ma di fondamentale importanza perché testimoniano che il luogo era parte del villaggio antico: si tratta di due grandi silos, risalenti al tempo di Gesù e al periodo

Basilica inferiore:
il presbiterio

immediatamente successivo. Questi silos, buche di forma circolare di cui rimane qualche traccia, sono posti a destra e a sinistra della porta di accesso alla grotta, oltre la balaustra di ferro battuto che delimita il presbiterio dalla cappella dell'Angelo. Inoltre, sopra la grotta e lungo i fianchi, sono riconoscibili i pilastri crociati che sostenevano le arcate della grande chiesa.

Entrando è possibile vedere quello che è rimasto della roccia naturale che formava la stanza. Sono ben riconoscibili le murature moderne in bozzetti squadrati di pietra bianca. Il soffitto, che ha subìto nel passato alcune modifiche per dare all'ambiente le sembianze di una cappella, è leggermente arrotondato. In età crociata la cavità è stata isolata e ritagliata esternamente, per inserirla all'interno della chiesa; anche parte della volta, probabilmente crollata, è stata sostituita con muratura. Recentemente sono stati fatti dei fori per garantire l'areazione della stanza, che soffre di forte degrado a causa dell'elevata umidità interna.

Per sostenere il pilastro che i crociati costruirono sopra la grotta, vennero inserite tre colonne: due sono visibili a sinistra dell'esterno del nuovo muro e una, rotta e sospesa, all'interno. La colonna più grande delle due esterne è quella che i pellegrini medievali chiamavano "dell'Angelo"; quella spaccata, all'interno, era chiamata "della Vergine", perché si riteneva indicasse il punto preciso in cui Maria sedeva durante l'Annunciazione. La colonna, che spunta dal tetto della grotta, fu spaccata in epoca ottomana per cercare un tesoro che sarebbe dovuto essere nascosto al suo interno.

L'altare principale, che riporta l'iscrizione *Verbum caro hic factum est* («Il Verbo qui si fece carne»), appartiene al santuario francescano del 1730.

Entrando, sulla destra, si osserva una piccola abside, realizzata per uno dei cinque altari presenti nella cavità e nella cappella dell'Angelo fino alla metà del secolo scorso. L'abside fu più volte intonacata e i pellegrini vi lasciarono diversi graffiti che oggi, a causa del forte degrado, non sono più conservati.

Il vano a nord, più interno alla grotta, è di forma semicircolare e ha conservato per secoli un altare dedicato a san Giuseppe. Oggi contiene una colonna che sorregge il tabernacolo.

Dietro l'altare dell'Annunciazione, tramite una scaletta ricavata nel muro, si arriva a una grotta meglio conosciuta come la "cucina di Maria".

SCHEDA

LA CASA DI MARIA A LORETO

Fin dal Medioevo, la città di Loreto si gloria di ospitare la casa nazaretana della Vergine. Come sarebbe possibile, considerato ciò che custodisce la Basilica dell'Annunciazione?

La comparsa della Casa a Loreto è testimoniata da un'antica leggenda che parla di una traslazione miracolosa dell'abitazione, raccolta e messa per iscritto da Pietro di Giorgio Tolomei intorno al 1472. Secondo il racconto, a seguito della definitiva disfatta cristiana in Terra Santa (caduta di S. Giovanni d'Acri, 1291) per intervento angelico la Santa Casa sarebbe prima stata trasportata in Illiria (odierna Croazia) e poi, nel 1294, in Italia, nei pressi di Recanati, su un colle vicino a un bosco di lauri (da cui Loreto). Durante il Medioevo, la reliquia divenne oggetto di una sentita e diffusa venerazione, non senza però i primi dubbi sulla sua autenticità.

Oggi la questione può essere affrontata in termini puramente archeologici: gli scavi condotti sotto il sacello (1962-1965), assieme a studi filologici e iconografici, portano a concludere che le pietre con cui fu eretta la Casa furono trasportate via mare su iniziativa della nobile famiglia bizantina degli Angeli (De Angelis). La provenienza delle stesse sarebbe quasi sicuramente la Palestina: il tipo di pietra e la sua lavorazione, infatti, rimandano a questo ambiente. In aggiunta, sulle pietre sono stati individuati graffiti simili a simboli giudeo-cristiani del II-V secolo, presenti soprattutto a Nazaret. Si potrebbe quindi derivarne che la dimora nazaretana della Vergine fosse costituita da due ambienti: una grotta scavata nella roccia (quella venerata nella Basilica dell'Annunciazione) e una stanza in pietra attigua (la Casa di Loreto, rivestita in marmo, alzata con mattoni e abbellita da affreschi nel corso dei secoli). Questa sarebbe la tesi ad oggi dominante. Ma quali conferme giungono dagli scavi archeologici condotti a Nazaret?

L'interno della Santa Casa venerata a Loreto

Ad appena 3 metri dalla grotta, essi hanno portato alla luce due camerette comunicanti di dimensioni molto ridotte, che dovevano essere voltate e completamente buie, sicuramente risalenti al periodo crociato ed erette a scopo devozionale. A parte questa piccola struttura (opera dei crociati e identificata ben presto dai pellegrini come "la cella di Maria e Gesù"), e a parte la grotta venerata, nessun'altra casa di Maria è però riuscita a preservarsi fino ad oggi. Gli affezionati alla tradizione loretana potranno forse rimanerne delusi. Ciò non toglie che la Santa Casa, così come la cella costruita dai crociati accanto alla grotta, sia un santuario di tipo devozionale, un'estensione nel tempo e nello spazio della tradizione della casa della Sacra Famiglia, le cui vestigia si conservano tuttora a Nazaret.

1. La grotta venerata vista dalla chiesa superiore; sulla sinistra, la grotta di Conone

2. Basilica inferiore: l'area presbiterale

3. L'altare della grotta venerata, risalente al XVIII secolo

La grotta di Conone

A fianco della grotta venerata, proseguendo verso sinistra, si apre una seconda grotta, comunemente detta "di Conone". È scavata nella nuda roccia ed è stata decorata con diversi strati d'intonaco che riportano invocazioni e preghiere graffite, lasciate dai pellegrini nel corso dei secoli.

Il complesso francescano dell'Annunciazione; da sinistra: la chiesa di S. Giuseppe, il convento, la basilica

Il nome risale alla presenza di un tappeto musivo di epoca bizantina rinvenuto nell'antistante zona della cappella dell'Angelo. Nel mosaico si legge l'iscrizione in greco fatta fare dal diacono Conone di Gerusalemme, che probabilmente offrì la realizzazione del pavimento. Il campo musivo circostante è caratterizzato da quadrati e losanghe. Dentro i quadrati ci sono varie decorazioni: croci e linee ondulate. I colori ricorrenti sono il blu, il rosso chiaro e il bianco di fondo.

Anche il pavimento della grotta è mosaicato con diverse figure geometriche, croci e il monogramma di Cristo. Sulle pareti, sul lato est, si vede il più antico intonaco bizantino, decorato con una fascia floreale vagamente stilizzata, in cui è dipinta un'iscrizione in greco che nomina Valeria, una «serva del Signore Cristo» che fece fare «una memoria per la luce», ossia fece decorare la grotta con la rappresentazione di un Paradiso fiorito alla memoria di un martire, forse Conone di Nazaret.

La basilica superiore

L'ingresso principale alla basilica superiore si trova sul lato nord dell'edificio, davanti al grande terrazzo pensile che protegge i resti archeologici dell'antico villaggio e che collega il piazzale della chiesa allo spazio conventuale e parrocchiale. Le due porte di accesso sono decorate a bassorilievo e mostrano la nascita della Chiesa da due rami: ebreo e gentile. All'esterno, davanti alla porta, si trova il battistero in forma ottagonale. Il pavimento del piazzale è decorato con la rappresentazione del *Cantico delle creature* di san Francesco d'Assisi e altri simboli che richiamano la spiritualità francescana.

Lo spazio interno è inondato da luce intensa e dai colori accesi delle numerose immagini mariane che decorano la chiesa. La luce penetra dalla cupola e dalle ampie vetrate.

L'abside centrale è decorata dal maestoso mosaico di Salvatore Fiume in cui è rappresentato il Credo della fede cristiana nella Chiesa «una, santa, cattolica e apostolica». Questo tema si legge a lettere d'oro lungo la fascia che corona in

alto il mosaico: *Confiteor unam, sancta, catholica et apostolicam Ecclesia*. Al centro è Cristo che allarga le braccia verso l'umanità intera in cammino verso di lui. Al suo fianco Pietro, con le chiavi del Regno dei cieli e, sullo sfondo, l'Immacolata Maria Regina. In alto, l'occhio di Dio e la colomba dello Spirito Santo completano il quadro trinitario. In basso a destra sono riprodotti i papi che hanno governato la Chiesa dal 1917 al 1968: Benedetto XV, Pio XI, Pio XII, Giovanni XXIII, Paolo VI.

Le absidi laterali contengono le cappelle dedicate al SS. Sacramento (a destra dell'altare) e alla Custodia di Terra Santa (a sinistra).

Il mosaico che decora la cappella di sinistra, opera dell'artista Glauco Baruzzi, è interamente dedicato alla celebrazione dell'Ordine dei Frati Minori con l'immagine di Francesco stimmatizzato e dei primi martiri francescani. Sugli stipiti della cappella compaiono il re Roberto e Sancia d'Aragona, personaggi che hanno segnato fortemente la presenza dei francescani in Terra Santa.

A destra, la cappella del SS. Sacramento, opera dell'artista spagnolo Rafael Ubeda, con uno stile molto originale ispirato a Picasso rivisita gli elementi della simbologia cristiana tradizionale (i pesci, il pane, l'ancora) rappresentandoli sugli stipiti. La cappella è dedicata a tutti i santi della Chiesa. Nella volta l'artista sviluppa il tema della riconciliazione universale dopo la lotta tra il bene e il male svolta dall'umanità: la nascita di Gesù è la vittoria della luce sulle tenebre.

Il tema della Vergine è presente in molta parte della decorazione della chiesa. Le pareti sono un trionfo mariano: immagini della Madre di Dio, provenienti da diversi santuari del mondo, si susseguono per rimarcare l'Incarnazione del Cristo, interpretata dalle diverse culture. I pannelli provengono da molti paesi, tra i quali, in senso orario: Camerun, Ungheria, Taiwan, Venezuela, Brasile, Polonia, Stati Uniti, Portogallo, Spagna, Francia, Canada, Giappone, Messico, Australia, Libano, Inghilterra, Italia.

Le vetrate delle facciate sud e ovest rappresentano diversi elementi dell'Annunciazione e sono opera dell'artista

Pagina a fronte: l'interno della basilica superiore; in primo piano: l'apertura che consente di scorgere la grotta venerata sottostante

VISITA

1. La cupola vista dall'interno

2. Dettaglio di una delle vetrate

3. La cappella a sinistra dell'altare principale, dedicata alla Custodia di Terra Santa

4. Il pavimento in marmo con i dogmi e i privilegi mariani, opera dell'artista Adriano Alessandrini

3

SUPER MUROS TUOS
JERUSALEM
CONSTITUI CUSTODES

NON TACEBUNT
LAUDARE
NOMEN DOMINI

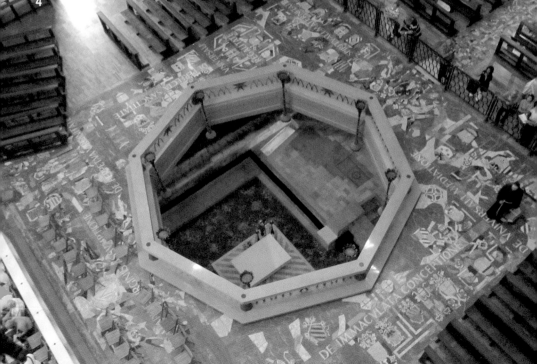

4

parigino Max Ingrand: la forma a sesto acuto richiama le antiche cattedrali gotiche. Le 33 finestre dei muri perimetrali rappresentano il Cantico dei Cantici, espressione dell'amore di Dio per Israele e per la Chiesa, rappresentata in Maria, l'anima fedele per eccellenza.

Sul pavimento di marmo, opera di Adriano Alessandrini, sono intarsiati i dogmi e i privilegi mariani pronunciati nei secoli dai padri conciliari e dai papi, partendo dal concilio di Efeso del 431 in cui si stabilì la divina maternità di Maria.

Infine, l'attenzione cade sull'*oculus* stellato che si apre sui resti della sottostante grotta dell'Annunciazione.

La cupola

La cupola, che si innesta sul tetto della basilica con i suoi 40 metri di altezza, internamente è costruita con pannelli prefabbricati decorati con una serie continua di zig-zag, che possono essere anche interpretati come ripetizione infinita della lettera M. La disposizione a raggiera dei pannelli simula la corolla di un giglio. La luce si effonde dall'apertura centrale della lanterna e da 16 finestre triangolari alla base della cupola.

L'esterno è rivestito in pietra fino al livello della loggia traforata. Anche la loggia e la lanterna sono in pietra, mentre il perimetro è rivestito di rame.

Le finestre del tamburo sono realizzate in cemento e vetro colorato dal pittore svizzero Yoki Aebischer e rappresentano: gli Apostoli, i santi Gioacchino e Anna, sant'Efrem il Siro, san Bernardo di Chiaravalle.

Il Museo Archeologico

Il museo è situato nella zona a nord della Basilica dell'Annunciazione, presso i locali ricavati dall'antico palazzo vescovile di epoca crociata. Conserva la raccolta di tutti i pezzi più interessanti rinvenuti durante gli scavi e fu fondato da padre Viaud nel 1910 per illustrare la storia delle ricerche nel sito. È accessibile tramite il giardino di rose, a fianco dell'ingresso al

Frammento scultoreo custodito nel Museo Archeologico

VISITA

convento francescano. Lungo il percorso per raggiungere l'entrata sono esposti alcuni reperti architettonici delle basiliche bizantina e crociata. Il museo, visitabile su richiesta, è formato da una grande sala espositiva e dalla zona archeologica coperta dal piazzale pensile antistante la facciata nord della basilica.

Ceramiche

Nello spazio centrale sono disposte delle teche con ceramiche di uso comune provenienti da diverse tombe, che testimoniano la presenza umana a Nazaret dall'età del Bronzo fino a quella araba. Si tratta di una selezione dei reperti ritrovati durante gli scavi avvenuti tra i primi anni del XX sec. e la campagna del 1955-60.

Tra gli oggetti che meglio rappresentano le diverse epoche troviamo vasi del medio e del tardo Bronzo, ritrovati nelle tombe scavate all'esterno del muro meridionale della basilica crociata. Per l'età del Ferro è conservata una bellissima giara a collo stretto con doppio manico a imbuto, rinvenuta in un silo a est della basilica. Le suppellettili trovate nella tomba "di Laham", a sud del santuario, testimoniano la vita del villaggio nel periodo romano. Altri oggetti d'uso e piatti invetriati coprono le epoche moderne, dal periodo arabo a quello medievale.

Vaso rinvenuto
durante gli scavi
ed esposto al museo

Graffiti

Fin dall'antichità i pellegrini hanno lasciato graffiti con invocazioni, preghiere o semplicemente nomi lungo le pareti del luogo venerato, tradizione secolare che arriva fino ai tempi moderni. All'interno del museo sono esposti principalmente i graffiti più antichi che risalgono al periodo pre-bizantino.

In una teca al centro della sala è esposto il reperto più rappresentativo, rinvenuto sotto i mosaici bizantini. Si tratta di un basamento di colonna su cui è inciso, in lingua greca, il cosiddetto *"Kaire Maria"*, la più antica invocazione mariana in forma abbreviata (XE MAPIA, "Rallegrati Maria"). Il basamento era parte della struttura pre-bizantina e testimonia la lunga venerazione mariana presso la santa grotta. Sulla stessa pietra possiamo riconoscere altri graffiti tra cui due parole scritte in lingua armena, dal significato discusso ma che rimanda comunque alla grazia di Maria.

In due bacheche a parte sono conservati altri importanti graffiti: uno in greco con la scritta «Sul santo luogo di M(aria) ho scritto», e uno con la rappresentazione di un uomo in piedi che tiene uno stendardo. A quest'ultimo sono state date molte interpretazioni: per alcuni sarebbe Giovanni il Battista, per altri un angelo. Oggi si è inclini a ritenere che si tratti di un pellegrino, forse un militare, che ha tracciato questo segno come testimonianza del suo passaggio.

Resti crociati

Il torso di san Pietro conservato al Museo Archeologico

Tutta la parete destra e quella meridionale sono dedicate all'esposizione dei reperti della basilica crociata, costruita nel XII sec. I più interessanti sono i capitelli, alcuni intatti e altri frammentari, esempi magnifici dell'arte medievale crociata d'ispirazione francese. Furono ritrovati da padre Viaud a inizio Novecento, nascosti all'interno della grotta scavata a nord della basilica crociata, molto vicina a quella venerata.

Altro elemento interessante di epoca crociata, conservato alla destra dell'ingresso del museo, è il torso di san Pietro, mutilo della testa e delle gambe. Si riconoscono i tipici elementi iconografici del santo: il pallio, l'atto di reggere la Chiesa rappresentata da un bell'edificio e le chiavi del Regno dei cieli. Si pensa che il torso potesse appartenere alla decorazione del portale d'ingresso della basilica crociata.

VISITA

SCHEDA

I CAPITELLI CROCIATI

Ognuno dei capitelli ritrovati da padre Viaud è decorato da episodi evangelici o della tradizione che riguardano la vita degli apostoli. Si suppone che appartenessero tutti a un unico monumento. Una serie di archetti, che disegnano una struttura in cui sono collocate le varie scene, è l'elemento decorativo che li lega. Altro elemento ricorrente è la resa rustica della superficie sullo sfondo delle figure, che stacca dalla liscia rifinitura di vesti e volti, ottimamente lavorati nella bianca pietra "sultani".

Quattro capitelli sono di forma ottagonale e rappresentano scene della vita di Pietro, Giacomo, Matteo e Tommaso. Un capitello con forma rettangolare presenta un soggetto discusso, interpretato sia come la raffigurazione della Fede che della Chiesa.

Questi manufatti sono tra i più alti esempi di scultura crociata non solo della Terra Santa, ma dell'intera arte medievale, e manifestano la chiara derivazione dalla scultura francese. Copie dei capitelli sono esposte presso il Museo Archeologico della Flagellazione a Gerusalemme.

1. Particolare del capitello della Chiesa (o della Fede)

2. Particolare del capitello di san Tommaso

3-4. Eulogia e bassorilievo rinvenuti durante gli scavi

5. L'area archeologica esterna adiacente alla basilica

3

4

5

Area esterna: il percorso archeologico

Il percorso museale prosegue lungo lo spazio archeologico che affianca la basilica, dove sono visibili una serie di grotte che appartenevano al villaggio di cui faceva parte anche quella dell'Annunciazione. Quest'area è stata scavata tra il 1955 e il 1960 con la supervisione di padre Bellarmino Bagatti assieme a padre Emanuele Testa.

Sono visibili i resti del convento francescano del XVII sec. e del palazzo arcivescovile crociato, tra le cui mura è stata ricavata anche la sala museale.

I resti del villaggio proseguono per tutta l'area francescana fino alla chiesa di San Giuseppe, ma la parte visitabile è quella a sud della basilica, sotto il piazzale pensile. Gli scavi hanno portato

A destra: la scala di accesso al percorso archeologico; a sinistra: frammenti scultorei in esposizione

alla luce un complesso di case-grotte che costituiscono il villaggio abitato nel I secolo d.C., ma anche oggetti che risalgono alla prima e alla media età del Bronzo. La Nazaret del tempo di Gesù era piccola e aveva vocazione agricola. Le costruzioni successive hanno distrutto molto del contesto più antico, di cui restano soprattutto le grotte, i silos per la conservazione delle granaglie e qualche strumento utile soprattutto per la macinazione di grano e olio.

Lungo il percorso è possibile ammirare i mosaici estratti durante gli scavi della zona presbiterale facenti parte del santuario e del monastero bizantino.

1. Manufatti
conservati al museo

2-3-5. Frammenti
e resti lungo il
percorso archeologico

4. Antica abitazione
scavata nella roccia

La chiesa di San Giuseppe

Costeggiando il convento francescano verso nord si giunge al santuario dedicato alla memoria di san Giuseppe, sposo di Maria e padre terreno di Gesù. La tradizione antica lega a questa chiesa il luogo della casa del falegname di Nazaret.

Sui resti di un edificio crociato è stata innalzata la struttura moderna, progettata dall'architetto tedesco fra Wendelin Hinterkeuser (1911-1914).

La chiesa è caratterizzata da uno spazio semplice, ampio e luminoso diviso in tre navate, su cui domina la pietra bianca di Nazaret. Le decorazioni ad affresco dei catini absidali sono principalmente dedicate alla figura di san Giuseppe e all'infanzia di Gesù, opera dell'artista A. Della Torre. Tre sono le scene principali: nell'abside centrale la Santa Famiglia, a destra il sogno di Giuseppe, a sinistra la sua morte.

Le vetrate sono opera di J. Gruber e sono ispirate alle *Litanie di san Giuseppe,* che descrivono la vita del santo, gli atti di fede in Dio e la sua partecipazione alla storia della Salvezza.

Il quadro della Sacra Famiglia è di F. Lafond, quello che rappresenta Gesù apprendista falegname nella bottega di Giuseppe spetta al viennese Hemmerlein. A destra e a sinistra del portone principale, inoltre, sono rappresentati rispettivamente san Francesco e santa Chiara.

Attraverso due ingressi aperti lungo le navate laterali è possibile accedere alla cripta e alle grotte sottostanti.

Gli spazi sotterranei risultano essere stati ambienti domestici adibiti in epoche successive a luoghi di culto. I resti comprendono una cisterna, una serie sovrapposta di quattro silos, una vasca e una scala che, attraverso un cunicolo, conduce a una grotta sotterranea. A un esame attento, risulta che il cunicolo, la grotta e la cisterna sono il prodotto di adattamenti posterio-

L'abside e il campanile della chiesa, adiacente al convento francescano

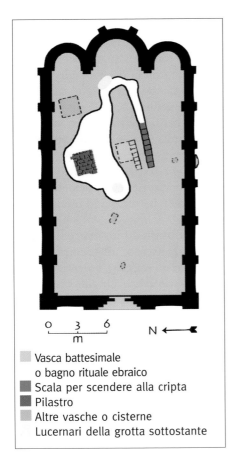

○   3   6
——|——|
    m   N ←◄

■ Vasca battesimale
  o bagno rituale ebraico
■ Scala per scendere alla cripta
■ Pilastro
■ Altre vasche o cisterne
  Lucernari della grotta sottostante

ri. Alcuni studiosi, tra cui i padri Bagatti e Testa, ipotizzarono che questi adattamenti furono realizzati per adeguare il luogo al culto battesimale.

All'ampia vasca furono riconosciute caratteristiche corrispondenti alle antiche vasche per il rito battesimale; misura 2 x 2 m e le pareti sono regolarizzate con muratura; se ne raggiunge il fondo scendendo sette scalini. Gradini e pavimento sono rivestiti in mosaico bianco e nero con figure geometriche, mentre le pareti sono rifinite con spesso into-

L'ampia vasca nei sotterranei della chiesa

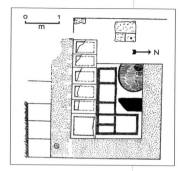

Schema della vasca battesimale giudeo-cristiana (o bagno rituale ebraico) con i sette gradini

naco. Nel pavimento, lungo la scalinata, è scavato un canaletto largo circa 16 cm. Diversi gli elementi simbolici che caratterizzano la vasca, tra cui i sette gradini, numero che ricorda la dottrina giudeo-cristiana del *discensus* e *ascensus* di Cristo al cielo (Rm 6,3-4; Col 2,12), oltre ai sette doni dello Spirito Santo (Is 11,2; At 2,38 e 19,5-6). I riquadri neri su fondo bianco del pavimento musivo sono stati interpretati come i sei angeli, i primi esseri creati, che formano il seguito trionfale di Cristo Redentore. Inoltre, una lastra in basalto inserita nel mosaico rappresenterebbe Cristo, pietra angolare sul quale il battezzando fonda la sua fede e costruisce l'uomo nuovo.

Non manca chi dissente del tutto da un'interpretazione sacrale della vasca in esame. È il caso, ad esempio, della studiosa Joan E. Taylor che nel suo saggio *Christians and the Holy Places: the Myth of Jewish-Christian Origins* (1993) sostiene che essa sia parte dei resti di un pressoio di epoca bizantina.

SCHEDA

TRADIZIONE LITURGICA E FESTIVITÀ: SAN GIUSEPPE E L'ANNUNCIAZIONE

La festa di San Giuseppe a Nazaret è celebrata con tutta la Chiesa il 19 marzo e vede l'inizio della solennità il giorno precedente, con l'ingresso vespertino del padre Custode presso la chiesa dedicata al Santo. Il giorno 19, dopo la messa, la comunità si reca in processione verso la casa della Vergine, a rievocare lo sposalizio con san Giuseppe (Lc 1,26-31). A conclusione della celebrazione viene recitata una preghiera di supplica al Santo davanti alla Santa Casa, supplica che lo acclama «Custode del Redentore, Spo-

so della Vergine e Patrono Universale della Chiesa». La festività è celebrata dalla Chiesa latina di Terra Santa e apre il ciclo liturgico che vede protagonista il santuario di Nazaret, che si conclude il 25 marzo con la solennità dell'Annunciazione.

La Custodia di Terra Santa celebra l'Annunciazione con l'entrata solenne del Patriarca latino nella Basilica, al vespro del 24 marzo, in preparazione della solenne celebrazione del giorno seguente. Al vespro solenne segue, a tarda sera, una veglia presso la santa grotta. La solennità, celebrata il 25 mattina, è un momento di grande gioia e partecipazione per la locale comunità cristiana e rappresenta il culmine della vita del santuario. Qui, ogni giorno, centinaia di pellegrini celebrano i fatti evangelici dell'Incarnazione del Verbo.

Al termine della celebrazione si svolge una processione intorno alla Grotta che vuole unire devozionalmente la celebrazione liturgica dell'Annunciazione a quella della Nascita di Betlemme (con la processione alla Stella) e della Resurrezione del Signore Gesù (con la processione attorno all'Edicola del Santo Sepolcro). Durante la processione è portato solennemente il Vangelo, segno della Parola che in questo luogo si è fatta Carne. Inoltre il guardiano del convento porta la Rosa d'oro, dono di Giovanni Paolo II durante il suo pellegrinaggio nel 2000, che simboleggia il buon odore di Cristo portato nel grembo della Beata Vergine.

La morte di san Giuseppe raffigurata su una delle vetrate della chiesa intitolata al Santo

Gli altri luoghi di Nazaret

Nazaret, assieme a Gerusalemme e Betlemme, vanta un gran numero di altri luoghi di interesse, alcuni dei quali di antica venerazione e legati alle tradizioni delle diverse Chiese.

A pochi passi dalla Basilica dell'Annunciazione c'è il nuovo centro internazionale "Maria di Nazaret", affidato alla comunità Chemin Neuf, una sorta di museo multimediale per approfondire la figura di Maria, radicata nelle profezie dell'Antico Testamento e nell'annuncio del Nuovo.

Il convento delle Dame di Nazaret, accanto alla Casa Nova francescana, ospita i resti di costruzioni medievali e un sepolcro giudaico scavato nella roccia con pietra girevole all'ingresso, proprio come quello descritto nei vangeli e messo a disposizione da Giuseppe d'Arimatea per il corpo di Gesù. Fu fondato dalle suore che arrivarono dalla Francia nel XIX secolo. Oggi, oltre alla chiesa e al convento, gestiscono una scuola e un ostello per pellegrini.

Camera sepolcrale a *kokhim* ("a forno"), parte di una necropoli ebraica del periodo romano visitabile nello scantinato del convento delle Dame di Nazaret

In alto, sulla collina che a settentrione domina la città, si erge la chiesa salesiana dedicata a Gesù Adolescente, affiancata dalla scuola professionale. Il bianco edificio si distingue nelle sue forme neo-gotiche con le due torrette in facciata.

A Nazaret convivono diverse fedi e gruppi religiosi; molte, quindi, anche le chiese appartenenti alle diverse confessioni cristiane. Nel quartiere vicino alla basilica si trova la chiesa protestante, costruita a fine Ottocento in stile gotico nordeuropeo, che fa capo alla comunità evangelica anglicana. Proprio nel centro del paese si trova la chiesa dell'Annunciazione dei cattolici di rito greco e poco più in alto quella di S. Antonio Abate dei cattolici maroniti. Dietro la chiesa di S. Gabriele dei greco-ortodossi si sono stabiliti i battisti nordamericani, mentre in una via laterale si trova la chiesa dell'Annunciazione dei copti d'Egitto.

La Fontana della Vergine e la chiesa di S. Gabriele

Lungo la strada che sale a nord, verso Tiberiade, si trova la Fontana della Vergine, molto amata dai Nazaretani. Questa fontana monumentale riceveva l'acqua proveniente da una sorgente che sgorga 160 m più a nord, dal fianco del monte Gebel es-Sik. Oggi le tre bocche per l'acqua sotto l'arco non forniscono più acqua ai passanti e dopo molti secoli la fontana ha perso la sua funzione di luogo d'incontro.

La sorgente è racchiusa in una cappella sotterranea all'interno della chiesa greco-ortodossa di S. Gabriele, costruita nel 1767 sulle rovine di un edificio precedente di età medievale, a nord-ovest della fontana. Per i greco-ortodossi è il luogo in cui avvenne l'Annunciazione.

Già ricordata nel XII secolo, la chiesa è descritta in forme rotonde dall'abate russo Daniele: «Uscimmo quindi dalla

La chiesa
di S. Gabriele

città e ci dirigemmo verso la parte orientale e trovammo un pozzo degno di nota e profondissimo, che ha l'acqua fresca nel quale si discende con gradini; una chiesa rotonda, dedicata all'Arcangelo Gabriele, copre questo pozzo». La tradizione locale è legata al Protovangelo di Giacomo che sdoppia l'annuncio dell'angelo in due sequenze, con la prima presso il pozzo dove la Vergine si era recata a raccogliere l'acqua e la seconda, quella canonica, all'interno dell'abitazione: «Ed ella prese la brocca ed uscì ad attingere l'acqua. Ed ecco una voce che le dice: "Rallegrati, o piena di grazia! Il Signore è con te. Benedetta sei fra le donne". Ed ella si guardava intorno, a destra e a sinistra, [chiedendosi] donde venisse tale voce. E, tutta tremante, entrò nella sua casa, e, avendo deposto la brocca, prese la porpora, sedette sullo scanno, ed era intenta a filarla» (Protovangelo di Giacomo XI,1).

La sinagoga

La sinagoga

Nascosta tra le tortuose vie del suk arabo, la sinagoga è oggi uno dei luoghi più visitati dai pellegrini. Si tratta di un ambiente di età crociata ad aula unica, con pietre a vista e volta a botte leggermente appuntita. In età ottomana il nome *Madrasat el-Messiah*, la scuola del Messia, perpetuò la credenza apocrifa che fosse il luogo in cui Gesù studiava da bambino.

Nel VI secolo il Pellegrino anonimo di Piacenza vide nella sinagoga il rotolo con l'alfabeto scritto da Gesù e il banco in cui stava seduto con gli altri bambini. I testimoni di età crociata riferiscono che la sinagoga, in cui Gesù lesse il libro di Isaia, era stata trasformata in chiesa. Le diverse fonti non aggiungono però informazioni sul luogo in cui si trovava. Nel XIV secolo, fra Jacopo da Verona vide la sinagoga vicino alla chiesa dell'Annunciazione, «a due tiri di sasso verso sud».

L'edificio entrò in mano francescana nel 1741, quando il guardiano di Nazaret, Bruno de Solerio, l'acquistò e lo fece restaurare; passò ai greco-cattolici nel 1771. La nuova chiesa di rito melchita fu eretta lì accanto nel 1882.

Questo edificio medievale non è la stessa sinagoga in cui Gesù lesse il rotolo di Isaia davanti ai concittadini, ma la lunga tradizione fa sì che anche oggi i pellegrini vi meditino il passo dell'evangelista Luca (Lc 4,16-30).

Il Monte del Precipizio

La tradizione medievale fissò la memoria del luogo in cui Gesù fu portato, per essere buttato dal precipizio, sulla cima di un monte alto 397 m a circa 2 km a sud-est di Nazaret. Il monte ha il nome di Jebel el-Qafze in arabo e Har Haqfitza in ebraico. Una tradizione apocrifa suppose che Cristo, dopo esservi stato condotto, fu fatto precipitare, ma con un grande salto ne uscì incolume. Qui una comunità di monaci eresse un monastero alla Vergine Maria ricordato nel *Commemoratorium de casis Dei*, l'elenco dei monasteri fatto compilare da Carlo Magno nell'808.

Le molte grotte naturali, che disegnano il paesaggio non solo del deserto di Giuda ma anche della verde Galilea, furono trasformate, fin dall'età bizantina e in seguito anche araba, in luoghi di preghiera e di vita ascetica per i monaci. Restano ancora tracce di due eremi o "laure" rupestri lungo il pendio più scosceso. Resti di graffiti sulla roccia, di un altare e frammenti di ceramica bizantini si trovano dentro una piccola grotta che è chiamata "il rifugio di Nostro Signore". Tutt'intorno, rovine di muri e cisterne dell'antico monastero. I crociati chiamarono il luogo in latino *Saltus Domini*, il salto del Signore, interpretando il testo evangelico di Lc 4,28-30.

Oggi è difficile raggiungere le grotte che, salendo verso Nazaret dalla pianura di Esdrelon, si vedono lungo il ponte sopraelevato. Presso questo monte, nel 2009 è stato allestito un anfiteatro naturale per ospitare la visita del S. Padre Benedetto XVI in pellegrinaggio in Terra Santa.

Mensa Christi

Secondo una tradizione locale Gesù, dopo la resurrezione, avrebbe mangiato con i suoi discepoli sopra una tavola di pietra proprio a Nazaret. La chiesa della Mensa Christi, che i francescani acquistarono in rovina nel 1781, conserva al suo interno la pietra attribuita ai fatti descritti da Marco: «Alla fine apparve agli undici, mentre stavano a mensa, e li rimproverò per la loro incredulità e durezza di cuore, perché non avevano creduto a quelli che lo avevano visto risuscitato» (Mc 16,14).

La chiesa, visitabile su richiesta, si trova all'interno del suk arabo. I francescani costruirono l'attuale edificio, sormontato da una cupoletta, nel 1861. Nell'abside, al posto dell'altare c'è il banco roccioso parallelepipedo, segnato da diversi graffiti lasciati dalla venerazione dei pellegrini.

Spiritualità

L'Annunciazione

Lc 1,26-38

«Al sesto mese, l'angelo Gabriele fu mandato da Dio in una città della Galilea, chiamata Nàzaret, a una vergine, promessa sposa di un uomo della casa di Davide, di nome Giuseppe. La vergine si chiamava Maria. Entrando da lei, disse: "Rallégrati, piena di grazia: il Signore è con te". A queste parole ella fu molto turbata e si domandava che senso avesse un saluto come questo. L'angelo le disse: "Non temere, Maria, perché hai trovato grazia presso Dio. Ed ecco, concepirai un figlio, lo darai alla luce e lo chiamerai Gesù. Sarà grande e verrà chiamato Figlio dell'Altissimo; il Signore Dio gli darà il trono di Davide suo padre e regnerà per sempre sulla casa di Giacobbe e il suo regno non avrà fine". Allora Maria disse all'angelo: "Come avverrà questo, poiché non conosco uomo?". Le rispose l'angelo: "Lo Spirito Santo scenderà su di te e la potenza dell'Altissimo ti coprirà con la sua ombra. Perciò colui che nascerà sarà santo e sarà chiamato Figlio di Dio. Ed ecco, Elisabetta, tua parente, nella sua vecchiaia ha concepito anch'essa un figlio e questo è il sesto mese per lei, che era detta sterile: nulla è impossibile a Dio". Allora Maria disse: "Ecco la serva del Signore: avvenga per me secondo la tua parola". E l'angelo si allontanò da lei».

Il vangelo di Luca narra l'infanzia di Gesù e per questo è anche chiamato "Vangelo dell'Infanzia". Al centro del racconto dell'Annunciazione sta Maria, con la sua esperienza di giovane donna che risponde alla chiamata di Dio. Il genere letterario al quale Luca attinge è quello dell'annuncio, che nell'Antico Testamento fu portato a Sara, madre di Isacco (Gen 18,9-15), ad Anna, madre di Samuele (1Sam 1,9-18) e alla madre di Sansone (Gdc 13,2-5). A tutte loro fu annunciata la nascita di un figlio

Pagina a fronte:
Beato Angelico,
Annunciazione
(particolare), Cortona,
Museo diocesano

STORIA

VISITA

LETTURE

Basilica dell'Annunciazione, una delle vetrate in facciata

con una missione importante nella realizzazione del piano di Dio. Ma l'annuncio a Maria travalica ogni aspettativa: la Vergine è chiamata alla maternità del figlio di Dio, Gesù, il «Figlio dell'Altissimo» (Lc 1,32).

Luca descrive la scena dell'Annunciazione presso l'ambiente domestico, la casa di Maria. In questo spazio quotidiano accade qualcosa di veramente straordinario, che pone Maria in relazione «di grazia» con Dio (Lc 1,28). È l'azione divina del Signore che entra nella quotidianità della storia umana.

La prima parola del saluto dell'angelo a Maria è «Rallegrati», in greco *Kaire*, che esprime la gioia del momento, poiché Dio, attraverso Maria, la «figlia di Sion» della profezia di Sofonia (Sof 3,14), compie la sua promessa di salvezza, attesa da anni dal popolo eletto. Come sottolineato da Benedetto XVI, «con questo augurio dell'angelo – possiamo dire – inizia, in senso proprio, il Nuovo Testamento, l'annuncio cristiano della Buona Novella» (Benedetto XVI, *L'infanzia di Gesù*, 2011).

Il saluto dell'angelo in Maria crea grande turbamento e ricerca di senso (Lc 1,29), ma non è uno stato di paura, di timore, come quello di Zaccaria davanti all'angelo (Lc 1,12): ella si pone di fronte a questo mistero in atteggiamento riflessivo, di silenzio e di fiduciosa attesa. Questo è il tratto che caratterizza Maria, la madre di Gesù, donna in ascolto, capace di custodire gli eventi meditandoli nel suo cuore (Lc 2,19).

L'angelo, fin dall'inizio, svela la presenza del Signore. È importante ricordare che le parole: «Il Signore è con te» (Lc 1,28), nella tradizione ebraica richiamano alla memoria di Maria tutti gli episodi della storia della Salvezza, in cui Dio si manifestò al popolo eletto. In questo modo Dio, attraverso l'angelo, aiuta Maria a sostenere il peso della sua chiamata, poiché Gabriele la rassicura annunciandole la benevolenza che Dio ha verso di lei. Questa "grazia" sosterrà il suo "sì" incondizionato. Inoltre l'angelo parla alla Vergine con gradualità e la aiuta progressivamente a entrare nel Mistero. Con la stessa gradualità sarà accompagnata nella sua vita alla comprensione profonda della missione di Gesù, contenuta fin dall'inizio nella promessa dell'angelo.

Maria, donna ebrea, riceve l'annuncio secondo la concezione religiosa giudaica (Lc 1,31-33). L'annuncio è il compimento delle profezie messianiche: il nuovo re sul trono di Davide, annunciato dal profeta Isaia, è chiamato Gesù, "Dio salva". Se Dio, sull'Oreb, aveva svelato il suo nome misterioso (Es 3,1; 34,6), ora lo rivela fino in fondo. «La rivelazione del nome di Dio, iniziata nel roveto ardente – sottolinea Benedetto XVI – viene portata ora a compimento in Gesù» (Benedetto XVI, *L'infanzia di Gesù*, 2011).

Il concepimento di Gesù, avvenuto fuori dalle regole umane, mostra il modo con cui Dio agisce: «Lo Spirito Santo scenderà su di te e la potenza dell'Altissimo ti coprirà con la sua ombra. Perciò colui che nascerà sarà santo e sarà chiamato Figlio di Dio» (Lc 1,35). L'ombra, la nube sacra, è il segno visibile di Dio in tutta la storia del popolo d'Israele, la nube del Signore che si posava sulla tenda del deserto (Es 40,34) e la *Shekinà*, la presenza di Dio nel santuario, il suo mostrarsi nel nascondimento (1Re 8,10). Ma è lo Spirito Santo che, attraverso l'ombra della potenza dell'Altissimo, agisce in Maria perché il «verbo» si faccia «carne» (Gv 1,14).

L'annuncio, per essere credibile, ha bisogno di segni tangibili: «Ed ecco, Elisabetta, tua parente, nella sua vecchiaia ha concepito anch'essa un figlio e questo è il sesto mese per lei, che era detta sterile: nulla è impossibile a Dio» (Lc 1,36-37).

Dopo il turbamento iniziale e la richiesta del "come", la terza reazione di Maria è quella dell'affidamento: «Ecco la serva del Signore: avvenga per me secondo la tua parola» (Lc 1,38). Il Mistero è un mistero di Amore gratuito e totalizzante, che si manifesterà in tutta la sua grandezza, grazie al "sì" detto da Maria di Nazaret. La gioia e l'esultanza della Vergine sono l'atto del fiducioso abbandono nelle mani di quel Signore al quale la sua vita è ora consacrata.

Maria si fa «serva del Signore» e diviene la sua "casa", permette che Dio si serva di lei per il suo piano di Salvezza. «Le parole: "Eccomi, sono la serva del Signore", esprimono il fatto che sin dall'inizio ella ha accolto ed inteso la propria maternità come totale dono di sé, della sua persona a servizio dei disegni salvifici dell'Altissimo» (Giovanni Paolo II, *Redemptoris Mater*, n° 39). Questo atteggiamento di affidamento totale è tipicamente femminile, tratto caratteristico delle donne lungo la storia della Salvezza. Per questo Maria diviene modello per la Chiesa ed esempio da seguire per tutti gli uomini.

Il sogno di Giuseppe

Mt 1,16-25 ■

«Giacobbe generò Giuseppe, lo sposo di Maria, dalla quale è nato Gesù, chiamato Cristo. In tal modo, tutte le generazioni da Abramo a Davide sono quattordici, da Davide fino alla deportazione in Babilonia quattordici, dalla deportazione in Babilonia a Cristo quattordici. Così fu generato Gesù Cristo: sua madre Maria, essendo promessa sposa di Giuseppe, prima che andassero a vivere insieme si trovò incinta per opera dello Spirito Santo. Giuseppe suo sposo, poiché era uomo giusto e non voleva accusarla pubblicamente, pensò di ripudiarla in segreto. Mentre però stava considerando queste cose, ecco, gli apparve in sogno un angelo del Signore e gli disse: "Giuseppe, figlio di Davide, non temere di prendere con te Maria, tua sposa. Infatti il bambino che è generato in lei viene dallo Spirito Santo; ella darà alla luce un figlio e tu lo chiamerai Gesù: egli infatti salverà il suo popolo dai suoi peccati". Tutto questo è avvenuto perché si compisse ciò che era stato detto dal Signore per mezzo del profeta: *Ecco, la vergine concepirà e darà alla luce un figlio: a lui sarà dato il nome di Emmanuele*, che significa *Dio con noi*. Quando si destò dal sonno, Giuseppe fece come gli aveva ordinato l'angelo del Signore e prese con sé la sua sposa; senza che egli la conoscesse, ella diede alla luce un figlio ed egli lo chiamò Gesù».

Nell'evangelista Matteo è la figura di Giuseppe che raccoglie attorno a sé l'esperienza dell'annuncio, essendo visitato in sogno dall'angelo che lo rassicura e incarica della paternità terrena di Gesù. Giuseppe si trova di fronte a una situazione difficile da comprendere: la sua promessa sposa, Maria di Nazaret, «prima che andassero a vivere insieme si trovò incinta per opera dello Spirito Santo» (Mt 1,18). I due sposi vivevano in un piccolo villaggio della Galilea, un ambiente osservante della legge ebraica. Per gli ebrei il fidanzamento costituiva il primo momento della celebrazione del matrimonio, perciò i due giovani erano formalmente già marito e moglie, anche se il legame si perfezionava dopo un anno, quando la donna entrava nella casa del marito. In questo contesto la condizione di Maria non sarebbe stata accolta con facilità. Ella poteva essere ripudiata, secondo la legge giudaica, perché inspiegabilmente incinta prima del matrimonio. Quindi Giuseppe, nel suo travaglio interiore, non voleva accusarla pubblicamente ma «ripudiarla in segreto», così da evitare a Maria l'esposizione al giudizio del villaggio. Giuseppe è definito dai vangeli come un uomo giusto, secondo la legge ebraica, sul modello di Abramo (Gn 17,19).

L'intervento divino cambia la scelta di Giuseppe. Durante la notte l'angelo, precedentemente apparso alla sua promessa sposa (Lc 1,26-28), gli parla in sogno e lo rassicura spiegandogli che il bambino che è generato in Maria viene dallo Spirito Santo e che non deve avere paura di prendere con sé la donna. In questo momento Giuseppe è chiamato alla sua missione di cura e protezione della Sacra Famiglia: Maria «darà alla luce un figlio e tu lo chiamerai Gesù» (Mt 1,21). Per un ebreo osservante sarebbe stato impossibile introdurre in casa la sua promessa sposa in una simile condizione. Però Giuseppe va oltre e risponde a Dio nonostante la perplessità, compiendo un atto di fiducia simile a quello della Vergine.

Giovanni Paolo II, nell'Esortazione Apostolica dedicata alla figura, tanto amata, di san Giuseppe, afferma: «La Scrittura sa che Gesù non è nato dal seme di Giuseppe, poiché a lui, preoccupato circa l'origine della gravidanza di lei, è detto: viene dallo Spirito Santo. E tuttavia non gli viene tolta l'autorità paterna, dal momento che gli è ordinato di imporre il nome al bambino» (Giovanni Paolo II, *Redemptoris Custos*, n° 7).

Dunque Giuseppe è invitato dall'angelo a essere padre di Gesù, a generarlo non nella carne ma alla stirpe dei «figli di

Davide». L'evangelista Matteo, nel primo capitolo, è attento a indicare gli anelli della genealogia biblica in cui Giuseppe s'inserisce, discendenza riconosciuta dall'angelo che nel sogno non lo chiama solo per nome, ma anche «figlio di Davide». Gesù, mediante Giuseppe, diviene l'ultimo anello del grande disegno di salvezza di Dio per l'uomo, annunciato dai profeti (Is 11,1; Ger 23,5-8; Ger 33,20-22; 2Sam 7,4-5a.12-14a.16).

Come ricorda san Giovanni Paolo II, «nel corso della sua vita, che fu una peregrinazione nella fede, Giuseppe, come Maria, rimase fedele sino alla fine alla chiamata di Dio. La vita di lei fu il compimento sino in fondo di quel primo *fiat* pronunciato al momento dell'Annunciazione, mentre Giuseppe al momento della sua "Annunciazione" non proferì alcuna parola: semplicemente egli "fece come gli aveva ordinato l'angelo del Signore" (Mt 1,24). Nel verbo "fece" possiamo leggere l'inizio della "via" percorsa da Giuseppe. Lungo questa via i Vangeli non annotano alcuna parola detta da lui. Ma il silenzio di Giuseppe ha una speciale eloquenza: grazie ad esso si può leggere pienamente la verità contenuta nel giudizio che di lui dà il Vangelo: il "giusto" (Mt 1,19)» (Giovanni Paolo II, *Redemptoris Custos*, n. 17).

Il ritorno della Santa Famiglia in Galilea

Mt 2,19-23 ■ «Morto Erode, ecco, un angelo del Signore apparve in sogno a Giuseppe in Egitto e gli disse: "Àlzati, prendi con te il bambino e sua madre e va' nella terra d'Israele; sono morti infatti quelli che cercavano di uccidere il bambino". Egli si alzò, prese il bambino e sua madre ed entrò nella terra d'Israele. Ma, quando venne a sapere che nella Giudea regnava Archelao al posto di suo padre Erode, ebbe paura di andarvi. Avvertito poi in sogno, si ritirò nella regione della Galilea e andò ad abitare in una città chiamata Nàzaret, perché si compisse ciò che era stato detto per mezzo dei profeti: "Sarà chiamato Nazareno"».

Dopo gli episodi della nascita di Gesù, a seguito della strage degli Innocenti (Mt 2,16-18) e della Fuga in Egitto (Mt 2,13-15), per la terza volta appare un angelo in sogno a Giuseppe che gli indica la nuova destinazione: la terra d'Israele. La famiglia, sui passi dell'esodo biblico, rientra così in Galilea, nel villaggio di Nazaret. In questo modo, secondo la visione di Matteo, trova compimento la profezia secondo cui il Messia sarebbe stato chiamato Nazareno. La regione della Galilea appare un luogo sicuro e accogliente per la Sacra Famiglia. Qui Gesù cresce e si forma nella quotidianità di un piccolo e semplice villaggio posto sulle colline dell'entroterra. Dai vangeli sappiamo che a Nazaret abitavano anche altri parenti di Gesù e che gli abitanti riconoscevano, nel Gesù pubblico, il «figlio del falegname» (Mt 13,55-56; Mc 6,1-3).

Il discorso di Gesù nella sinagoga

« Venne a Nàzaret, dove era cresciuto, e secondo il suo solito, di sabato, entrò nella sinagoga e si alzò a leggere. Gli fu dato il rotolo del profeta Isaia; aprì il rotolo e trovò il passo dove era scritto: *Lo Spirito del Signore è sopra di me; per questo mi ha consacrato con l'unzione e mi ha mandato a portare ai poveri il lieto annuncio, a proclamare ai prigionieri la liberazione e ai ciechi la vista; a rimettere in libertà gli oppressi, a proclamare l'anno di grazia del Signore.* Riavvolse il rotolo, lo riconsegnò all'inserviente e sedette. Nella sinagoga, gli occhi di tutti erano fissi su di lui. Allora cominciò a dire loro: "Oggi si è compiuta questa Scrittura che voi avete ascoltato". Tutti gli davano testimonianza ed erano meravigliati delle parole di grazia che uscivano dalla sua bocca e dicevano: "Non è costui il figlio di Giuseppe?". Ma egli rispose loro: "Certamente voi mi citerete questo proverbio: 'Medico, cura te stesso. Quanto abbiamo udito che accadde a Cafàrnao, fallo anche qui, nella tua patria!'". Poi aggiunse: "In verità io vi dico: nessun profeta è bene accetto nella sua patria. Anzi, in verità io vi dico: c'erano molte vedove in Israele al tempo di Elia, quando il cielo fu chiuso per tre anni e sei mesi e ci fu una grande carestia in tutto il paese; ma a nessuna di esse fu mandato Elia, se non a una

Lc 4,16-30

vedova a Sarepta di Sidone. C'erano molti lebbrosi in Israele al tempo del profeta Eliseo; ma nessuno di loro fu purificato, se non Naamàn, il Siro". All'udire queste cose, tutti nella sinagoga si riempirono di sdegno. Si alzarono e lo cacciarono fuori della città e lo condussero fin sul ciglio del monte, sul quale era costruita la loro città, per gettarlo giù. Ma egli, passando in mezzo a loro, si mise in cammino».

Tutti i vangeli sinottici narrano l'episodio avvenuto dentro la sinagoga di Nazaret. Mentre per Marco e Matteo il fatto accade nella fase conclusiva della missione di Gesù (Mt 13,53-58; Mc 6,1-6), Luca inserisce l'episodio all'inizio della sua missione evangelica, subito dopo essersi ritirato nel deserto per quaranta giorni ed essere stato messo alla prova dal diavolo (Lc 4,1-13), dedicandogli ampio spazio.

Nella prima parte del testo lucano si legge che Gesù, venuto a Nazaret, «dove era cresciuto», secondo il suo solito si recò in sinagoga nel giorno di sabato dove, su richiesta o per iniziativa personale, si alzò per proclamare la Parola. Gesù si fece consegnare il rotolo di Isaia per leggere il passo che riguardava la consacrazione del profeta (Is 61,1-2).

La liturgia ebraica che si svolgeva nelle sinagoghe consisteva nella proclamazione di uno dei cinque libri dei rotoli della legge, il Pentateuco, a cui faceva seguito la lettura di un testo tratto dai profeti, il cui argomento era in relazione con il testo precedente. Questa pratica viene ricordata anche negli Atti degli Apostoli (At 13,15; 15,21). È certo che Gesù possedesse la preparazione adatta per la lettura della Torà, competenza che non tutti avevano. In particolare, la scelta di Gesù del brano adatto al commento della lettura del giorno mette in luce la sua profonda conoscenza dei testi sacri.

Nella sinagoga, al termine della lettura, «gli occhi di tutti erano fissi su di lui» (Mt 4,20), in attesa di una spiegazione, perché la sua fama di maestro si era sparsa per tutta la regione e sicuramente era giunta anche ai nazaretani. Ma le sue parole scandalizzano i concittadini radunati nella sinagoga, incapaci di accogliere e riconoscere in Gesù il Messia. Egli, infatti, si manifesta come colui che è il consacrato da Dio, mandato per liberare gli ultimi con un lieto messaggio e con la grazia del Signore.

Nonostante la meraviglia verso le parole di grazia che uscivano dalla bocca del «figlio di Giuseppe», accade qualcosa per cui Gesù è portato a citare due storie dell'Antico Testamento, una di Elia e l'altra di Eliseo. Mediante gli esempi Gesù aiuta la comunità a capire l'universalismo di Dio, ma anche critica la chiusura della gente di Nazaret, affermando che «nessun profeta è bene accetto nella sua patria» (Lc 4,24). Elia, infatti, fu mandato dalla vedova straniera di Sarepta (1Re 17,7-16) mentre Eliseo fu mandato a occuparsi dello straniero della Siria (2Re 5,14).

Gesù, dopo aver sperimentato il totale sdegno dei nazaretani, è spinto verso il luogo – che la tradizione locale identifica nel Monte del Precipizio – per esserne gettato, «ma egli, passando in mezzo a loro, si mise in cammino». L'allontanamento di Gesù dalla città di Nazaret, nella versione lucana, aprirà il periodo di apostolato nei pressi del Lago di Tiberiade. Questa vicenda, assieme alla dichiarazione della predilezione di Dio per gli ultimi, prefigura anche ciò che attende Gesù a Gerusalemme. Il rifiuto di Gesù da parte di Nazaret lo rende consapevole della difficoltà e della durezza della sua missione.

LA SACRA FAMIGLIA: L'INFANZIA DI GESÙ

Le esperienze vissute durante l'infanzia hanno sicuramente dato un'impronta determinante alla figura di Gesù. I vangeli canonici tacciono sulla maggior parte della vita di Gesù, ponendo l'attenzione sulla sua manifestazione pubblica, mentre gli apocrifi riempiono di eventi magici la sua infanzia, obbligando i lettori al giusto riservo storico;

in tal modo gli anni dell'infanzia sono stati definiti "oscuri".

Negli episodi della vita a Nazaret, Luca ricorda quale fosse l'atteggiamento di Gesù: un figlio sottomesso al volere dei genitori come si addice a ogni giovane ebreo (Lc 2,51). Gesù, docile ai suoi genitori, lo è anche dopo l'episodio avvenuto a circa dodici anni, quando sfugge all'attenzione dei parenti per rimanere nel Tempio di Gerusalemme fra i dottori della Legge (Lc 2,41-52). Questo passaggio trova il suo fondamento storico nell'obbligo che prevedeva per i ragazzi, a partire da quell'età, di iniziare a compiere il pellegrinaggio annuale al Tempio. Inoltre, il fanciullo Gesù si stava formando con lo studio dei Comandamenti e della Legge per raggiungere la maturità religiosa, chiamata a partire dal XIV secolo *bar-mitzvah*, e diventare pienamente responsabile e "Figlio della Legge".

Gesù, invece di unirsi alla carovana dei genitori per fare ritorno a Nazaret, senza comunicarlo ai familiari resta a Gerusalemme, presso il Tempio, per occuparsi «delle cose del Padre» (Lc 3,49). Questo gesto, che può sembrare un atto di ribellione ordinaria, in verità è l'annuncio ai genitori di quella che sarà la sua missione di Figlio di Dio. Giuseppe e Maria, scrive Luca, «non compresero ciò che aveva detto loro»: la fede della Sacra Famiglia è dunque «in cammino», come scrive Benedetto XVI, «una fede che ripetutamente si trova nel buio e, attraversando il buio, deve maturare» (Benedetto XVI, *L'infanzia di Gesù*, 2011).

Il vangelo di Luca descrive la crescita di Gesù che avveniva «in sapienza e grazia» (Lc 2,52). Gesù, per la sua crescita intellettuale, probabilmente seguiva l'iter praticato dai pii ebrei. Esistevano delle scuole di diverso grado nelle quali venivano dati insegnamenti orali legati alla Sacra Scrittura. Sappiamo con certezza che Gesù ricevette questi insegnamenti fino a un buon livello, come si deduce dalla sua facoltà di ammaestrare nelle sinagoghe. L'insegnamento, oltre all'approfondimento della parola, offriva le nozioni principali per affrontare la vita osservando i precetti ebraici. Nazaret, che era una piccola borgata, possedeva una *bet kneset*, una sinagoga, ma difficilmente aveva una *bet sefer* (una scuola elementare) e una *bet midrash* (una casa di studio superiore). La lingua materna di Gesù era l'aramaico palestinese, ma egli ricevette l'educazione adeguata per leggere anche l'ebraico, la lingua delle Scritture.

Molti degli insegnamenti pratici erano tramandati direttamente dai genitori. Spettava al padre educare religiosamente e avviare al proprio mestiere il figlio; infatti, secondo la tradizione, Gesù era artigiano come il padre. Nella versione greca della Bibbia, Giuseppe esercitava il mestiere di *Técton* (Mt 13,55; Mc 6,3), termine che può tradursi con artigiano, fabbro, falegname, carpentiere o scultore, anche se la tradizione ha fissato la memoria di Giuseppe come falegname. Anche il passo del salmo 117 richiamato da Gesù parlando agli scribi («La pietra che i costruttori hanno scartata è diventata testata d'angolo», Mc 12,10-11) testimonia la sua attitudine a parlare attraverso le immagini semplici della vita quotidiana che lo devono aver formato, un ambiente fatto di lavoro manuale e di fatica, lo stesso ambiente in cui crebbe.

Testimoni
antichi

Epifanio da Salamina (315-404)

La prima notizia relativa a una chiesa a Nazaret la dà Epifanio, vescovo di Salamina, che ricorda il tentativo del conte Giuseppe di Tiberiade, un ebreo battezzato al tempo di Costantino, di costruire una chiesa nel villaggio. Il vescovo racconta di essere stato ospite nel 355 a Scitopoli, l'odierna Beit She'an, nella villa del conte e di aver appreso da lui come il cristianesimo fosse penetrato ufficialmente in Galilea, fino ad allora roccaforte giudaica.

Giuseppe, onorato dell'amicizia dell'imperatore, che gli aveva concesso la dignità di "comes", chiese a Costantino l'autorizzazione scritta di poter erigere delle chiese in Galilea. Secondo la relazione di Epifanio, il conte, nonostante la forte reazione della comunità giudaica, riuscì a inaugurare chiese a Tiberiade, a Diocesarea (Sefforis) e in altre città. Per quanto concerne Nazaret, essa compare tra l'elenco delle chiese che Giuseppe intendeva costruire, sebbene non ne venga raccontata la costruzione. Ma probabilmente egli riuscì a realizzare l'opera.

Epifanio sottolinea la presenza, in Galilea, di piccole comunità cristiane. A tal riguardo, egli recupera i testi di Egesippo (II secolo) e di Giulio Africano, in cui sono ricordati i primi cristiani della regione, umili contadini chiamati a rispondere della loro discendenza dalla famiglia di Gesù davanti all'imperatore Domiziano (81-96 d.C.) e durante la persecuzione di Decio (249-251 d.C.). Sotto quest'ultima fu martirizzato in Frigia un certo Conone il quale, davanti al tribunale, fece la seguente dichiarazione: «Sono della città di Nazaret in Galilea, sono della parentela di Cristo a cui presto culto fin dai miei antenati».

Panarion adversus omnes haereses, Eresia 30 "Ebioniti" (PG 41, 424)

«Il buon imperatore [Costantino] fece [Giuseppe] conte e aggiunse che potesse chiedergli quello che voleva. E lui non chiese altro se non di ricevere questo grandissimo dono dall'imperatore, cioè che gli fosse concesso, per mezzo di un editto imperiale, di edificare chiese a Cristo nelle città e villaggi dei Giudei. Là infatti nessuno aveva mai potuto costruire chiese, perché non si trovava in mezzo a loro né greco, né samaritano, né cristiano. Infatti è custodita questa [regola] che non ci sia alcuno di altra razza presso di loro. E questo soprattutto a Tiberiade, a Diocesarea detta anche Sefforis, a Nazaret e a Cafarnao. (…) A Tiberiade costruì solo una piccola chiesa nell'Adrianeion, ma a Diocesarea e in qualche altra città arrivò a portare pienamente a termine le sue costruzioni».

Anonimo da Piacenza (VI sec.)

L'*Itinerarium* è la descrizione molto dettagliata del viaggio di un anonimo pellegrino che, partendo da Piacenza, si reca in Terra Santa con alcuni compagni, in un periodo in cui la rotta era ancora abbastanza sicura e protetta dal controllo imperiale bizantino.

La visita a Nazaret lascia al pellegrino un'ottima impressione: vi vede «cose meravigliose», come la sinagoga in cui Gesù studiava e la casa in cui visse Maria, trasformata in una basilica. Dalla testimonianza si deduce che il villaggio era ancora a maggioranza giudaica e che persistevano delle tensioni religiose con la comunità cristiana.

Itinerarium Antonini Placentini, 560-570 d.C.

«Da Tiro giungemmo nella città di Nazaret, in cui ci sono molte cose meravigliose. È appeso lì il volume su cui il Signore scrisse abc. Nella sinagoga è posta la trave su cui si sedeva con gli altri fanciulli. La trave viene mossa e sollevata dai Cristiani ma i Giudei per nessun motivo riescono a smuoverla; non si lascia neppure portare fuori. La casa di Santa Maria è ora una basilica e molti sono i benefici effetti che vengono a chi riesce a toccare le vesti di lei. Nella città è tanto grande l'avvenenza delle donne ebree che in quella terra non si potrebbero trovare donne più belle e dicono che questo è stato concesso loro da Santa Maria; infatti affermano che fu loro antenata; e mentre gli Ebrei non hanno nessuna carità verso i Cristiani, esse sono piene di ogni attenzione. La regione è simile al paradiso; per abbondanza di grano e di ricchezza è simile all'Egitto. Benché piccola, eccelle nella produzione di vino, olio, frutta e miglio. Il miglio poi è più alto del normale, di stelo grosso, supera la statura di un uomo».

Arculfo (VII sec.)

Il vescovo franco Arculfo, che visita la Terra Santa durante l'occupazione araba, è autore di un resoconto di viaggio narrato ad Adamnano, che trascrisse le informazioni ricevute realizzando uno dei più diffusi e famosi itinerari medievali.

Arculfo racconta di aver visto a Nazaret due chiese «una nella quale fu nutrito il nostro Salvatore», la seconda dell'Annunciazione. È una delle rare testimonianze sull'esistenza di una seconda chiesa a Nazaret, che la tradizione individua in quella di S. Giuseppe, detta anche della Nutrizione.

«Nazaret si trova su di una montagna e tuttavia possiede grandissimi edifici in pietra. Vi si trovano anche due grandissime chiese: una, al centro della città, è costruita su due archi nel luogo dove una volta si trovava la casa nella quale il Signore nostro Salvatore è stato nutrito».

ADAMNANO, *DE LOCIS SANCTIS*, 670 D.C.

Al-Mas'ūdī (897-957)

Abū al-Ḥasan 'Alī al-Mas'ūdī, studioso di vasta cultura, conosciuto in Occidente come l'"Erodoto arabo", visitò molti paesi del Medio Oriente, tra cui la Palestina. Dei suoi scritti resta un compendio storico, geografico e letterario intitolato *Muruj adh-dhahab* ("Le praterie d'oro").

La breve descrizione che fa di Nazaret è preziosa, perché testimonia una situazione pre-crociata in cui continua a esistere una chiesa «molto venerata», al cui interno si trovano alcuni sarcofagi che presentano manifestazioni miracolose.

Muruj adh-dhahab,
943

«Si dice che il Messia era di un villaggio chiamato Naza-ret, nel territorio della provincia di Giordania; da qui il nome Nazareno. Nel villaggio vidi una chiesa molto venerata dai cristiani e dove si trovano dei sarcofagi di pietra con ossa di morti, che trasudano un unguento simile a sciroppo, col quale si ungono i cristiani per devozione».

Sewulfo (XI-XII sec.)

Con l'arrivo dei crociati in Terra Santa, i pellegrinaggi co-nobbero immediatamente un'ampia ripresa. Il primo pellegrino a lasciarci una testimonianza di quest'epoca è Sewulfo, un ricco mercante anglosassone che si imbarca dal Sud Italia e, dopo un viaggio di tredici settimane, approda al porto di Giaffa.

Sewulfo, che fa tappa a Nazaret, descrive un villaggio completamente distrutto, probabilmente a seguito di violenze perpetrate contro gli abitanti cristiani, ma testimonia la pre-senza del monastero, «assai bello». Stando alla testimonianza è possibile pensare che i crociati iniziarono immediatamente i lavori di ricostruzione del luogo santo, forse partendo proprio dal monastero.

Fu il normanno Tancredi, principe di Galilea, a interessarsi per primo della ricostruzione della basilica, dotandola poi di beni di ogni genere, come scrivono Guglielmo di Tiro, lo sto-rico contemporaneo delle crociate, e altri pellegrini che ebbero modo di visitare il santuario in tutto il suo splendore.

*Incipit Certa Relatio
de situ Ierusalem*,
1102-1103

«Nazaret, città della Galilea dove la Beata Vergine Maria ricevette l'avviso della Nascita del Signore, dista da Gerusalemme quasi quattro giorni di cammino. (...) La città di Nazaret è stata completamente devastata e rasa al suolo dai Saraceni; ma il luogo dell'Annunciazione del Signore lo indica un monastero assai bello. Presso la città sgorga una sorgente d'acqua limpidissima, ornata in ogni parte, com'era prima, da colonne di marmo e da quadrati; da questo luogo il fanciullo Gesù insieme agli altri ragazzi spesso attingeva l'acqua per sua Madre».

Abate Daniele (XI-XII sec.)

La nuova e grande chiesa crociata, costruita nel 1106, fu vista dall'egumeno russo Daniele che compì il suo pellegrinaggio, accompagnato da altri otto uomini e guidato da un monaco palestinese, all'inizio del XII secolo. Daniele, come molti altri pellegrini, adempì al desiderio di vedere e di «toccare i Luoghi Santi» e i «segni della presenza divina». Per tale ragione il suo diario di viaggio è attento ai dettagli, sia geografici che cronachistici. Nonostante ritenesse che fossero le Chiese orientali le vere custodi dei Luoghi Santi e dell'ortodossia, egli non disdegnò l'alto patronato dei crociati e non trascurò di lodarli per le numerose ricostruzioni di chiese e monasteri.

Il testo di Daniele è il più completo lasciato dai pellegrini medievali per Nazaret. Per quanto concerne la grotta venerata, egli la descrive molto profonda, collocata lungo la navata nord, sotto il livello del pavimento della chiesa, e dotata di due piccoli accessi. Secondo la sua testimonianza, sul luogo non veniva ricordata solo l'Annunciazione, ma anche il posto in cui Maria allevò Gesù e fu sepolto Giuseppe.

«Una grande e alta chiesa a tre altari si eleva nel mezzo del villaggio. Entrandovi si vede a sinistra, davanti ad un piccolo altare, una grotta piccola e profonda che ha due piccole porte, una a oriente e una ad occidente, dalle quali si discende alla grotta. Penetrando per la porta occidentale a destra si ha una celletta, con entrata esigua, nella quale la santa Vergine viveva con Cristo. Egli fu allevato in questa sacra celletta che contiene il letto sul quale Gesù si riposava. Essa è così bassa che sembra essere, quasi, al livello del suolo. Penetrando in questa stessa grotta dalla porta occidentale, si ha a sinistra la tomba di san Giuseppe, il fidanzato di Maria, che vi fu interrato dalle mani purissime di Cristo. Dal muro vicino alla sua tomba cola un'acqua bianca, come olio santo, che si raccoglie per guarire le malattie. In questa stessa grotta, presso la porta occidentale, si trova il posto ove la Santa Vergine era seduta presso la porta e filava la porpora, cioè il filo di scarlatto, quan-

ITINERARIO IN TERRA SANTA, 1106-1107

LETTURE

do le si presentò l'Arcangelo Gabriele, l'inviato da Dio. Egli apparve davanti ai suoi occhi, non lontano dal luogo dov'era seduta la Santa Vergine. Vi sono circa sei metri dalla porta al luogo dove stava Gabriele; là è eretto, su una colonna, un piccolo altare rotondo di marmo, sul quale si celebra la liturgia. Il posto occupato da questa grotta era la casa di san Giuseppe e fu in questa casa che tutto avvenne. Su questa grotta è eretta una chiesa consacrata all'Annunciazione».

Teodorico (XII sec.)

Il monaco tedesco Theodoric si recò in Terra Santa nel 1172 redigendo un prezioso diario di viaggio, con precise indicazioni su Nazaret. Nella sua descrizione, egli colloca la grotta in un'abside della navata sinistra, come effettivamente dimostrato dagli scavi di padre Prosper Viaud. Teodorico registra alterazioni nel complesso della cavità: invece che dei due accessi ricordati da Daniele, egli parla di un'unica scala con 15 gradini. Questo dato suggerisce che a un certo punto i crociati limitarono l'ingresso alla grotta a una singola entrata, probabilmente quella occidentale. L'alterazione può essere stata la conseguenza della costruzione della camera voltata dove i pellegrini facevano memoria della nascita della Vergine Maria. Questa camera è probabilmente quella chiamata successivamente Cappella dell'Angelo.

La descrizione di Teodorico sostanzialmente coinciderà con quanto dirà il Quaresmi nel 1639 a proposito dell'organizzazione dei luoghi nella grotta.

LIBELLUS DE LOCIS SANCTIS, 1172

«A quattro miglia dal Monte Tabor si trova verso ovest la gloriosissima città di Nazaret sulla strada di Acco, là è costruita una veneranda chiesa, illustre per l'onore di essere sede vescovile e per la dedica fatta alla Madonna Santa Maria. In questa chiesa, nell'abside sinistra, si scendono quasi quindici gradini in una grotta sotterranea, dove verso oriente è segnata una crocetta nel fondo di un altare cavo, per indicare che ivi per mezzo dell'Arcangelo Gabriele fu annunziato alla medesima Madonna [l'incarnazione] di Cristo. Verso la parte sinistra di quell'altare, cioè verso nord, Giuseppe suo sposo, ovvero nutritore del Salvatore, riposa sepolto; su quel [sepolcro] è stato posto un altare. Inoltre, verso destra cioè verso sud, vi è un luogo con una crocetta impressa fino al suolo, al di sopra è arcuato; lì la Beata Madre di Dio nacque da Anna, sua madre».

Joannes Phocas (XII sec.)

Il monaco greco Giovanni si recò a Nazaret in compagnia di un suo compagno lasciando un resoconto dettagliato. La visita si colloca dopo il terremoto del 1170 (la data è incerta, forse 1177, forse 1185) che, secondo B. Bagatti, causò danni anche alla cittadina. Nella descrizione la basilica risulta impreziosita con nuove decorazioni. Si riferisce, ad esempio, che all'ingresso della grotta venerata vi sono dipinti dell'Annunciazione, probabilmente icone. Questo ha fatto pensare che i nuovi ornamenti appartenessero al progetto di decorazione del complesso crociato, forse promosso dopo il terremoto grazie agli aiuti che arrivarono dalla Francia, progetto a cui forse appartengono anche i capitelli degli apostoli, mai messi in opera.

Il pellegrino descrive un solo ingresso alla grotta e tre luoghi principali all'interno. Tuttavia, la descrizione di Phocas si discosta da quella di Teodorico: il posto descritto da quest'ultimo per la nascita di Maria è, per il monaco greco, il luogo in cui visse la Vergine, mentre quello in cui Giuseppe venne sepolto è il luogo in cui visse Gesù dopo il ritorno dall'Egitto. Tuttavia, l'organizzazione essenziale dell'interno non cambia.

«La casa di Giuseppe è stata cambiata in un bellissimo tempio nella cui parte sinistra, presso l'altare, vi è una grotta che non appare nelle viscere della terra ma alla superficie, la cui apertura è stretta e tutta ornata di marmo bianco. Ivi la mano del pittore ha rappresentato l'angelo che, volando, discende dalla madre senza marito e la saluta col lieto annunzio, andando verso di lei che è austeramente dedita al lavoro di fila-

▪ *Descriptio Terrae Sanctae*, 1177

re; ed è raffigurato come se le parlasse. La vergine, invero, come spaventata dall'inaspettata visione, ha subito voltato la faccia per paura di lui e quasi non le cade la porpora di mano. Lasciata la camera, essa incontra una parente e amica, e l'abbraccia con amichevoli saluti. Entrando per l'apertura della spelonca, discendendo pochi gradini, vedi l'antica casa di Giuseppe nella quale apparve l'arcangelo alla Vergine quando era ritornata dalla fonte. In questo luogo dove è avvenuta l'Annunciazione, v'è una croce di pietra nera intagliata nel marmo bianco e su questa croce un altare. A destra dell'altare, una stanzetta nella quale stava sempre la Vergine Madre di Dio. Nella parte destra dell'Annunciazione si vede un'altra stanzetta senza luce, dove si dice che nostro Signore, ritornando dall'Egitto, vi dimorò fino alla decollazione del Precursore».

Abu al-Fida (1273-1331)

La basilica di Nazaret fu distrutta sistematicamente nel 1263 per ordine del sultano Baibars. Questo è quanto ci riporta lo storico e geografo siriano Abu al-Fida, noto anche per aver partecipato a molte spedizioni militari contro i crociati e per aver riottenuto la carica di principe della cittadina siriana di Hama.

ANNALI «Durante un soggiorno sul monte Tabor, un distaccamento della sua armata [di Baibars] si portò a Nazaret per suo ordine e distrusse la chiesa di questa città. Nazaret era per i cristiani uno dei luoghi più grandi di devozione perché fu da lì che sortì la religione cristiana».

Ricoldo di Monte Croce (ca. 1243-1320)

Il missionario domenicano Ricoldo di Monte Croce raccolse le sue esperienze nel Levante componendo un testo che poi servirà da guida per la maggior parte dei missionari suoi contemporanei. Egli visitò Nazaret meno di trent'anni dopo la distruzione di Baibars e il suo resoconto mostra la veemenza della distruzione, tale da fargli parlare di una chiesa «quasi completamente distrutta». Le messe continuavano a svolgersi presso gli altari della grotta dedicati all'Annunciazione e all'Arcangelo Gabriele.

«Da quel posto [Naim] venimmo a Nazaret. Trovammo una grande chiesa quasi tutta distrutta e non restava niente della primitiva costruzione che la sola cella dove fu annunziata la Madonna: il Signore la preservò a ricordo dell'umiltà e della povertà di lei. Però in quel posto esiste l'altare della Madonna dove lei pregava, quando le fu mandato l'angelo Gabriele; vi sta l'altare dell'Arcangelo Michele dove era Gabriele durante l'annuncio. Noi, dopo aver celebrate le messe sopra tutti e due [gli altari] e aver predicato la parola di Dio ci facemmo un giro camminando per la città per vedere specialmente quei luoghi che erano più frequentati dalla Madonna e dal Bambino Gesù. Vi trovammo presso la città una sorgente che è tenuta in massima venerazione, per il motivo che la Madonna qualche volta andava a quella fontana, e Gesù Bambino frequentemente portava da lì l'acqua a sua Madre. Andammo pure alla sinagoga, distante trenta miglia [passi], in cui Gesù lesse Isaia profeta. Tutti codesti luoghi, dal primo all'ultimo, li trovammo in tranquillo e pacifico possesso dei Saraceni».

■ *Liber Peregrinationis*, 1288-1291

LETTURE

Fra Niccolò di Poggibonsi (XIV sec.)

Fra Niccolò, un francescano italiano che si recò in Terra Santa nel XIV secolo, redasse uno dei racconti di viaggio più ricchi di dettagli geografici, culturali e di folclore locale del suo tempo. Con sguardo attento, coglie particolari importanti su Nazaret, ad esempio la decorazione musiva all'interno della grotta venerata e la connessione tra la casa di Maria e l'ambiente rupestre. La descrizione, inoltre, mostra come in questo periodo le memorie dell'Annunciazione si siano arricchite di dettagli. Il francescano, riferendosi a una colonna presente nella grotta, afferma che Maria vi era appoggiata mentre l'Angelo entrava da una finestra soprastante.

Libro d'Oltremare,
1346-1350

«La città si è guasta molto, e non ci à mura d'intorno, e nell'entrata si paga per testa XII drame; dentro si è una bellissima chiesa, nel proprio luogo dov'era la casa della nostra Donna, quando l'angelo l'annunziò; ma ora si è abbattuta la chiesa, salvo che la camera della nostra Donna. La detta camera si è molto piccola e è lavorata di musaica opera; e era la casa appoggiata ad una grotta di sasso. Dentro si è la colonna che abbracciò Santa Maria per la paura, quando l'angelo l'annunziò; la detta colonna si è grossa, quanto l'uomo puote abbracciare; dappiè della colonna si è un poco di murello, dov'ella usava stare in orazione; dallato si è un piccolo altare, di sopra della grotta; e di sopra della colonna si è una finestra grande, donde l'angelo entrò quando l'annunziò. La colonna si è di colore grigio; sappi ch'ellè fortissima, che niente se ne puote avere. Ecci indulgenza, colpa e pena».

Testimoni moderni

Barbone Morosini (XV-XVI sec.)

Il mercante Barbone Morosini raggiunse Damasco con le galee veneziane probabilmente per affari commerciali e da lì partì per un avventuroso viaggio di fede e devozione in Terra Santa. Nel luglio del 1514 fu ospitato nel convento del Monte Sion dal Custode Francesco Suriano e dai frati della corda.

Dalla sua descrizione della grotta di Nazaret si ha conferma che, all'inizio del Cinquecento, si veneravano due colonne, una dove stava l'Angelo e una dove stava Maria al momento dell'Annunciazione e che vi erano due altari affiancati, uno per Giuseppe e uno per Maria.

« La grande chiesa è ruinata e piena di saxi. Da la parte di levante di dicta Iglesia nel lato destro vi è una caverna per la quale è il discenso ed la banda di ostro per forsi otto gradi a basso: et giù a capo questa scala vi è uno spazio che si estende al lato sinistro verso ponente e lì in testa vi è un'altra scala con una porta la quale è stropiata de saxi. Et di fronte de ditta prima scala per la quale è il descendere in questo venerando loco de la anunciatione vi è un altro spacio che si estende verso tramontana: nel ingresso del quale, declinando alquanto al lato sinistro vi sono due colunne… Ai piedi di queste colunne, ad l'una stava l'angelo ed ad l'altra la vergine Maria quando fue salutata. Ultra ditte colunne pur verso tramontana, è l'abitazione di essa gloriosa vergine et di santo josepho suo venerando sposo cavata nel saxo: al megio del la quale, nel volto di sopra si vede certo archivolto, el qual non fa real dostincion di pivi de uno locho che quivi verso levante siano fatti doi altari in memoria de li lochi, l'uno dove stava essa vergine; e l'altro

PEREGRINAGIO DE MI BARBON MORESINI AL VIAGIO DE JERUSALEM ET ALTRI LOCHI DE TERRA SANTA, 1514

sancto Josepho. La grandecia de questa caverna iudico essere entro da le colunne di longezia circha passi quatro e mezo et larga doi in cicha. L'altro andito fra le due scale è di simile grandecia».

Tommaso Obicini da Novara (1585-1632)

Il Custode di Terra Santa Tommaso Obicini da Novara nel 1620 visitò il santuario dell'Annunciazione; vedendolo abbandonato e deserto, restò profondamente impressionato, tanto da volerlo riscattare. Per questo si recò a Beirut al palazzo dell'emiro Fakhr ad-Din II, dal quale dipendeva anche Nazaret. L'emiro, che a causa della sua opposizione all'impero ottomano fu costretto all'esilio, visse in Italia tra il 1613 e il 1618. Il contatto con il mondo occidentale lo rese aperto e disponibile verso i cristiani e le potenze europee. Aiutato poi dal console francese Battista Tarquet, compagno di Obicini nel viaggio a Beirut, fu graziato e poté tornare in patria. Sotto il suo principato il Libano conobbe una crescita economica e culturale; tuttavia nel 1636 il sultano ottomano, per placare le pretese di autonomia del paese, lo uccise insieme a tutti i membri della sua famiglia.

Il Custode Obicini, che riuscì a ottenere dall'emiro la grotta dell'Annunciazione e il Monte Tabor, scrisse di suo pugno una relazione in latino sull'incontro con l'eminente personaggio. Con questa donazione, il 29 novembre 1620, inizia ufficialmente il possesso francescano della grotta venerata di Nazaret.

[IL VIAGGIO A BEIRUT] «Dopo essere uscito, cercai di sapere da alcuni Mori nazaretani di chi fosse quel luogo e da chi dipendesse la città. Mi risposero: "Dal principe di Sidone, chiamato Emìr Fakhr ad-Din". Appena seppi ciò, non so da che fui illuminato in quell'istante, che subito cominciai a pensare della recuperazione di sì grande santuario dicendo nel mio cuore: "Andrò a trovare questo Principe, gli chiederò questo luogo santo, e permettendo Dio, largitore d'ogni bene, lo conserverò decisamente". Ciò che in verità dopo sei mesi, come avevo allora pensato, e come avevo previsto per ispirazione, fu perfettamente eseguito; (...) mi avviai con tranquilla andatura dalla Santa Città di Gerusalemme fino a Sidone per un viaggio di sei giorni. Alla fine, non avendo trovato ivi il Principe, in compagnia del signor Battista Tarquet console di tutta la Palestina a nome del Cristianissimo Re, del signor Alberto Gardana, che prima fu console a Sidone, del signor Francesco Lebar Procuratore di Terra Santa, e del signor Raffaele capitano della nave San Vittore, partii per Beirut, città della Fenicia. Là il predetto Principe si occupava della nuova e comoda sistemazione d'una sua casa e d'un boschetto; da lui non solo fui benignissimamente veduto, ma anche accolto con ogni dimostrazione di gentilezza ad un doppio convito nel solito palazzo della sua residenza, sempre con la più grande cordialità. In ultimo gli esposi brevemente la ragione della mia venuta e gli manifestai il pio desiderio di costruire il Luogo Santo di Nazaret. Il Principe, dopo avermi ascoltato, sorridendo disse: "Volesse il cielo che mi attribuisse questa libera possibilità: per i cristiani farei cose molto più grandi di quello che tu pensi; perché io, non solo quel luogo che tu mi chiedi, ma anche altri luoghi del mio dominio concederei gratis e liberamente a te e ai tuoi frati, se colui, che ora li possiede, fosse tolto di mezzo. Ciononostante al presente, per soddisfare i tuoi pii ed onesti desideri, ti concedo il Luogo Santo di Nazaret e decreto di concederlo ancora per l'avvenire. (...) Udite queste sue parole io, lieto, lo ringraziai infinitamente; e gli altri che erano presenti con me, pieni di gioia, fecero ugualmente. In quest'affare c'è molto da meravigliarsi come questo Principe, senza alcun ritardo, con animo ilare e aperto, ci diede gratuitamente il luogo santo di Nazaret; anzi, a differenza dell'usanza generale di tutti i Turchi, spontaneamente ci offrì delle elemosine per i restauri, e ancora ci promise liberamente di consegnarci anche altri e devoti Santi Luoghi di Galilea; fa pure meraviglia, dico, come alla fine ci accompagnò con ogni espressione di cortesia, nel senso che volle raccomandarci efficacemente anche agli stessi anziani di Nazaret!».

LETTURE

[LA PRESA DI POSSESSO DEL SANTUARIO]

«Dunque nell'anno della nostra salvezza 1620, prese le lettere commendatizie del Principe di Sidone, ed ottenuti poi tutti i documenti relativi a quest'affare dal Cadì di Safed, e accompagnato da un Chiaus del Governo di Safed, e protetto nella strada da una scorta di soldati, insieme al padre Fra Giacomo di Vendôme, sacerdote, e fra Francesco Salice, siciliano, e ai testimoni che nominerò qui sotto, arrivammo tutti sani e salvi al Santo Luogo di Nazaret il 29 novembre, giorno di sabato; e fatte vedere ivi stesso le lettere dei Principi, e letti davanti ai testimoni i decreti del Cadì, in quello stesso giorno con nostra e anche comune gioia prendemmo solennemente libero e legale possesso del suddetto Santuario. (…) Entrati quindi nel Luogo Santo, sulle cui fondamenta una volta poggiava la santa casa di Loreto, entrammo nella Santa Grotta dove la Beatissima Vergine Maria fu salutata dall'Angelo; venerammo piamente, religiosamente e con devoto culto ambedue i luoghi, come se vedessimo con i nostri occhi il verbo fatto carne. Dopo cominciammo a pulire una chiesa tanto degna e un santuario tanto celebre, e benedicemmo l'antichissimo altare dell'Annunciazione eretto dai Cristiani. Ornammo il luogo santo da lampade. Rischiarammo la Grotta, non tanto luminosa, con lumicini, e alla fine, disposto tutto l'occorrente per il culto divino, cantammo solennemente i vespri del sabato dell'ultima domenica di Avvento».

[LA DESCRIZIONE DELLA GROTTA]

«Finiti i Vespri e Compieta, vennero alcuni Mori, Arabi e Cristiani di Nazaret, i quali ci raccontarono, per ordine, alcuni fatti straordinari che essi seppero dai loro antenati per sicura tradizione, che son degni di essere ricordati, e ogni giorno ci attestavano unanimemente come Dio aveva operato i miracoli in quel luogo per i meriti della Beata Maria sempre Vergine; cose che a dir il vero appena le credevamo sincere, perché erano narrate da testimoni infedeli in testimonianza della nostra fede, specialmente di quei fatti che essi raccontano circa le due colonne là poste dagli antichi fedeli. Una di queste fu collocata sulla stessa entrata o porta della Grotta, e fu messa a sinistra per indicare il luogo esatto dove si fermò l'arcangelo

Gabriele, quando entrò nell'abitazione della Madonna. La seconda fu posta vicino a questa, ma di fronte, quasi a due passi dentro la Grotta, dove si conserva il ricordo di quel santissimo luogo, in cui non solo la beata Vergine Maria, pregando lontana dagli sguardi, fu annunciata dall'angelo che tra breve sarebbe stata Madre di Dio, ma che anche il Verbo dell'eterno Padre, nella pienezza dei tempi e cooperante con lo Spirito Santo, divenne mirabilmente carne, e abitò in mezzo a noi. Non molto prima di noi questa colonna fu troncata nella parte inferiore a cinque palmi dalla base, da alcuni superstiziosi Mori dall'Africa, i quali credevano che contenesse un grande tesoro, mentre la parte superiore resta in un qual modo sospesa al soffitto della Grotta».

Francesco Quaresmi (1583-1650)

Il padre Jacques de Vendôme, una volta ottenuto il santuario dall'emiro Fakhr ad-Din, fu incaricato dal Custode Obicini di adattare al meglio le povere strutture di Nazaret. I lavori per la nuova cappella furono ultimati nel 1632.

Il francescano Francesco Quaresmi, autore di un'ampia opera sui Luoghi Santi, nel 1626, prima della costruzione della nuova chiesa, si trattenne diversi mesi a Nazaret, interessandosi delle varie tradizioni e dei ruderi crociati che ancora si potevano vedere. La sua descrizione dei luoghi ha il valore aggiunto dell'osservatore istruito e attento.

«Questa chiesa [la chiesa dell'Annunciazione] è quasi completamente distrutta, eccetto il muro di nord, al quale era annesso il palazzo vescovile e attualmente restaurato, dove abitano i frati di San Francesco. Nel ripulire il luogo santo, tolta molta terra, fu ritrovato il pavimento di lastre quadrate di marmo, con basi e fondamenti di colonne e parti di esse simili alle due delle quali abbiamo detto sopra. Da queste e dal muro superstite tale fu giudicata che fosse la chiesa. La lunghezza era da occidente ad oriente, aveva due ordini di colonne. Il sacro antro ed il sacello dell'Annun-

HISTORICA THEOLOGICA ET MORALIS TERRAE SANCTAE ELUCIDATIO, 1639 ziazione erano a sinistra dell'ingresso della chiesa, cioè della navata di nord, al quale si accedeva per sei gradini. Da questa parte vi erano annesse delle abitazioni che attualmente sono parzialmente restaurate, cosicché da questa parte di nord si può scendere dalla casa mediante una scala fatta recentemente. [La chiesa] era assai lunga e nella parte occidentale aveva un campanile del quale resta ancora qualche cosa. Tutto il resto è demolito e consumato, però da ciò che resta, rovine e fondazioni, si capisce con certezza che una volta vi erano magnifici edifici.

(...) Si trova il luogo chiamato dagli abitanti dall'antichità fino ai nostri giorni casa e officina di Giuseppe, detto in arabo "ducan" e correttamente "chania", che in latino significa "officina". È una casa rustica come le altre dove una volta fu edificata una bella chiesa dedicata a S. Giuseppe, più grande della minore e minore della maggiore dell'Annunziazione, di circa 120 piedi di lunghezza e 50 di larghezza. In cima ad oriente vi erano tre cappelle che erano ben lavorate come lo dimostrano le rovine».

Henry Maundrell (1665-1701)

Il pastore anglicano Henry Maudrell tenne un diario del suo viaggio da Aleppo a Gerusalemme intrapreso in occasione della Pasqua del 1697. Partito da Aleppo assieme a quindici uomini in febbraio, vi fece ritorno a maggio. La meta era Gerusalemme e il fine era assistere alle celebrazioni pasquali latine. Arricchito di note pratiche, questo diario divenne una famosa guida di viaggio tradotta anche in francese, olandese e tedesco.

A Nazaret, Maudrell sostò presso il convento francescano, godendo di un'ospitalità che veniva offerta a tutti i pellegrini, anche non cattolici. Oltre alla testimonianza del diario, il nostro pellegrino lasciò un ricordo indelebile anche mediante la sua firma, che assieme alla data si trova graffita sui muri della cella in cui fu ospitato, accanto a quelle di molti altri pellegrini che nel corso dei secoli sfidarono le avversità per intraprendere il viaggio.

«Domenica 18 aprile. Nazaret non è oggi che un villaggio insignificante, situato in una specie di valle concava circolare, sulla cima di un'alta collina. Fummo ospitati nel convento costruito sul luogo dell'Annunciazione. In questo luogo senza mura di cinta sette o otto padri latini vivono mortificati, nella costante paura degli Arabi, padroni assoluti del paese. Nel pomeriggio andammo a visitare il santuario. La chiesa di Nazaret sorge in una grotta, che dovrebbe essere quella in cui la Vergine Maria ricevette l'annuncio di gioia da parte dell'angelo: "Rallegrati, piena di grazia: il Signore è con te" (Lc 1,28). Nella forma ricorda una croce. La parte che rappresenta il braccio verticale è lunga quattordici passi e alta sei, e conduce direttamente alla grotta, senza altro arco o soffitto che non la roccia naturale. Il braccio orizzontale è lungo nove passi e largo quattro, ed è di traverso rispetto all'entrata della grotta. All'incrocio dei due bracci si ergono due pilastri in granito, ciascuno dal diametro di due piedi e un pollice, e distanti tre piedi l'uno dall'altro. Si innalzerebbero nel luogo esatto dove sostarono l'angelo e la Vergine durante l'Annuncio.

Quello più al centro, che sarebbe quello della Vergine, fu danneggiato dai Turchi che sotto di esso credevano di trovare un tesoro, cosicché diciotto pollici, tra il pilastro e il suo piedistallo, sono spariti. Tuttavia continua a stare in piedi, per quale fenomeno non saprei dire. Tocca il soffitto sovrastante al quale è probabilmente appeso, a meno che non diate credito a ciò che dicono i frati e cioè che è sostenuto grazie a un miracolo.

In seguito, andammo a visitare la casa di Giuseppe, la stessa in cui, stando a ciò che dicono, visse il Figlio di Dio per quasi trent'anni, sottomesso agli uomini (Lc 2,51). Non lontano da qui, vi mostrano la sinagoga dove Nostro Signore pronunciò il sermone (Lc 4) che esasperò tanto i suoi concittadini. Entrambi questi luoghi si trovano a nord-ovest del convento, e anticamente fu loro conferita dignità con la costruzione di due splendide chiese; oggi, purtroppo, questi monumenti eretti dalla pietà della regina Elena sono in rovina».

A Journey from Aleppo to Jerusalem, at Easter, 1697

LETTURE

Prosper Viaud (1852-1932)

Quando il padre francescano Prosper Viaud giunse per la prima volta a Nazaret nel 1889 si rese conto di quanto la piccola chiesa dell'Annunciazione, costruita nel Settecento, non rendesse merito alla gloria del passato. Ma i segni di questa magnificenza erano nascosti tra le mura del convento e dovevano essere cercati.

Riprendendo il lavoro del suo predecessore, fra Benedict Vlaminck, padre Viaud iniziò una minuziosa ricerca, convinto che attraverso la storia e l'archeologia la Custodia di Terra Santa potesse trovare nuovo slancio per la costruzione di un santuario più consono sulla casa di Maria. Il resoconto di questa ricerca, pubblicato nel 1910, non è solo un'analisi dei ritrovamenti, ma il racconto di un'appassionante ricerca quotidiana, fatta di attese, di delusioni e d'insperati successi, come nel caso del ritrovamento dei famosi capitelli crociati nascosti dentro a una grotta del tempo di Gesù.

NAZARETH ET SES DEUX ÉGLISES DE L'ANNONCIATION ET DE SAINT-JOSEPH, 1910

«Prima di rinunciare alle mie ricerche, mi decisi infine, basandomi sulle dimensioni delle antiche volte dell'altra estremità della stanza, di fare un buco in mezzo al salone, davanti a questi piedritti straordinari. Scendemmo a più di un metro di profondità senza trovare niente, tranne terra e detriti. Evidentemente là non c'era più niente. Siccome dovevo uscire per alcuni impegni, ordinai di fermare gli scavi e di chiudere il buco già fatto.

Ma un domestico che mi aiutava in questi lavori mi fece notare che, dopo aver fatto tanto, era davvero un peccato non andare fino in fondo. Mi chiese, nello stesso tempo, di lasciarlo scavare fino alla roccia. Glielo permisi per accontentarlo e me ne andai, convinto che fosse completamente inutile.

Quando tornai la sera, la scena era completamente cambiata. Tutta la gente lavorava in modo febbrile e le facce erano raggianti. Senza lasciarmi il tempo di chiedere nulla: "Padre – mi gridarono gli operai – una statua!". Queste parole mi lasciarono, all'inizio, abbastanza freddo. Durante gli scavi gli operai danno, a volte, indicazioni così strane e lontane dalla verità che non si può mai credere nulla di quello che dicono, prima di aver visto di persona. Però il domestico di cui ho parlato mi disse allora, seriamente: "Padre, è vero. Venite a vedere, è magnifico". Con un salto entrai nella fossa e mi piegai per esaminare, aiutandomi con una luce, la famosa scoperta. Era vero: stavamo mettendo in luce una parte di un capitello istoriato. Accanto ce n'era ancora un altro sotto terra, di cui potevamo vedere solo la parte superiore.

Inutile dire la mia gioia e quella dei miei religiosi che sono accorsi a questa notizia, che si diffuse in un istante, non soltanto nel convento, ma anche in città. Inutile anche descrivere tutte le precauzioni prese poco a poco per liberarli, per sollevarli ed esporli in un angolo della sala. Subito, il giorno dopo, iniziò una vera processione che durò molti giorni: tutti, cristiani e musulmani, uomini, donne e bambini, vollero vedere i meravigliosi capitelli. Infatti, meritano questa nomea, e questa ammirazione è stata condivisa da quel momento da tutti i visitatori. Tutti confessavano che non si aspettavano, venendo, di contemplare una tal meraviglia.

Tuttavia, quel giorno ne scoprimmo solo due, ai quali l'indomani e il giorno dopo ancora venne ad aggiungersene un terzo. Questa magnifica scoperta eccitò i coraggi e rianimò la speranza di tutti, compresa la mia. Credendo già di veder uscire tra i detriti una quantità innumerevole di capitelli simili, decidemmo di abbassare il suolo del salone per dare più altezza e più aria. Ci mettemmo subito al lavoro e, in pochi giorni, i due metri di terra furono tolti e portati via.

Solamente due nuovi capitelli furono estratti da una specie di blocco sotto il quale vennero come nascosti; però, aggiunti ai primi tre, costituiscono tutti e cinque una ricchezza artistica di primo grado».

Crediti fotografici

Alster Miriam / Flash 90:
    p. 75

Archivio ETS:
    pp. 14, 15, 16, 20, 28, 33, 36, 38, 44 (n. 3), 50, 55, 56, 63, 65, 72, 80, 86

Archivio della Custodia di Terra Santa:
    p. 42

Beaulieu Marie-Armelle:
    p. 30 (n. 2)

Colla Pino:
    pp. 40, 43, 58, 66 (n. 1), 67 (n. 3), 71 (a destra)

Compri Emanuela:
    pp. 21, 22, 23, 31 (n. 3), 47, 60 (n. 2), 61 (n. 4), 62, 64, 65, 67 (nn. 4, 5), 68, 69 (nn. 1, 2, 3, 5)

Frölich Alexander:
    pp. 30, 45 (n. 2)

Kraj Giorgio:
    pp. 44 (nn. 1, 4), 46, 61 (n. 3), 70, 73

Lee Stanislao:
    pp. 17, 19, 51

Library of Congress, Washington DC, USA:
    pp. 10, 11, 12, 13, 24, 26, 27

Nogaro Luca:
    pp. 66 (n. 2), 69 (n. 4)

Pescali Pier Giorgio:
    p. 54 (n. 1)

Tal Naveh / Shutterstock:
    p. 76

Zamir Y. / Flash 90:
    p. 60

Quaderni di Terra Santa

Una nuova collana di monografie che intende avvicinare i lettori ai tesori archeologici e spirituali della Terra Santa. Corredato di un ricco apparato iconografico a colori, che include foto d'epoca e cartine, ogni volume presenta un sito di Terra Santa caro alla tradizione cristiana attraverso descrizioni e schede di approfondimento. L'opera si avvale dei contributi dei docenti – biblisti e archeologi – dello Studium Biblicum Franciscanum di Gerusalemme e, più in generale, dei frati minori della Custodia di Terra Santa.

I volumi della collana

1. Emanuela Compri - Valeria Vestrelli (a cura di)
Nazaret e i suoi santuari, 2015.

2. Eugenio Alliata - Elena Bolognesi (a cura di)
Il Monte degli Ulivi e i suoi santuari, 2015.

3. *Cafarnao, la città di Gesù* (in preparazione).

di *MARIO RUSSO CIRILLO*

LA TERRA DELL'ALLEANZA
Guida ai luoghi santi attraverso la Bibbia, la storia, l'archeologia e la preghiera

Una guida completa che accompagna il pellegrino nella visita alla Terra di Gesù e lo introduce alla conoscenza dei personaggi, dei luoghi e degli eventi. Con cartine, immagini e utili schede di approfondimento.

pp. 714 ill. a colori - 2013 (II edizione) - euro 36,00

SULLE ORME DI GESÙ
Guida ai santuari di Terra Santa

Un sussidio per il pellegrino nella visita ai principali santuari della Terra Santa. Per ognuno sono riportati:
• la lettura biblica di riferimento
• appunti della tradizione storica legata al luogo
• la cartina archeologica per orientarsi e ripercorrere le fasi storiche
• una proposta di preghiera da celebrare durante la visita
• suggestive immagini a colori
• orari di apertura e recapiti.
Completano il volume due cartine fuori testo, per localizzare i santuari a Gerusalemme e nel resto della regione.

pp. 192 ill. a colori - 2013 (II edizione) - euro 12,00

IL DVD
Nazaret e i suoi santuari

Un estratto di
Terra Sancta. Custodi delle sorgenti della salvezza

Contenuti
1. Introduzione e sigla di apertura
2. Nazaret, rallegrati Maria
3. Sigla di coda
4. La Custodia di Terra Santa
5. Extra - Salmo 121 (file audio)

Durata complessiva: 30 min. circa

Una produzione Antoniano di Bologna
Regia: Sergio Marzocchi, Fabrizio Palaferri

L'opera completa

LIBRO +DVD

TERRA SANCTA. CUSTODI DELLE SORGENTI DELLA SALVEZZA

PAGINE (LIBRO): 126
DURATA DVD: 210 MINUTI
PREZZO (LIBRO + DVD): EURO 19,50
ANNO: 2011 (II EDIZIONE)
LINGUE: ITALIANO, INGLESE, FRANCESE, SPAGNOLO, TEDESCO

Due prodotti in un'unica edizione per conoscere i Luoghi Santi e approfondire la storia della presenza dei figli di san Francesco in Terra Santa.